Gebauer • Gefühle erkennen – sich in andere einfühlen

Karl Gebauer

Gefühle erkennen –
sich in andere einfühlen

Kindheitsmuster Empathie. Ein Bilder-Buch

Das Werk und seine Teile sind urheberrechtlich geschützt.
Jede Nutzung in anderen als den gesetzlich zugelassenen Fällen
bedarf der vorherigen schriftlichen Einwilligung des Verlages.
Hinweis zu § 52a UrhG: Weder das Werk noch seine Teile dürfen
ohne eine solche Einwilligung eingescannt und in ein Netzwerk
eingestellt werden. Dies gilt auch für Intranets von Schulen
und sonstigen Bildungseinrichtungen.

Lektorat: Katrin Sauer

© 2011 Beltz Verlag · Weinheim und Basel
www.beltz.de
Herstellung: Uta Euler
Layout: Angela May Grafikdesign & Buchgestaltung, Mettmann
Druck: Beltz Druckpartner, Hemsbach
Umschlaggestaltung: glas ag, Seeheim-Jugenheim
Umschlagabbildung: Jürgen Hast, Göttingen
Printed in Germany

ISBN 978-3-407-62761-2

Inhaltsverzeichnis

»Bin ich willkommen auf dieser Welt?« 7

1. **Wie Eltern den Start ins Leben unterstützen können** 8
   Eltern sind in den meisten Fällen intuitive Resonanzspender 8
   Über das Entstehen empathischer Kindheitsmuster 9

2. **Wie das Gehirn die Muster webt** 19
   Empathie im Spiel mit der Puppe 19
   Das Gehirn und seine Verarbeitungssysteme 22
   Das Gehirn »rutscht« mit 26

3. **Spielen bringt das Gehirn in Schwung** 29
   Unterwegs in Fantasieräumen 43
   Mitten in der Musterspinnerei 48
   Erlebnisse – Quellen einer gelingenden Entwicklung 48
   »Da komme ich her!« 51
   »Unsere Lernmotivation muss wohl mit unserem Spiel
   zusammenhängen!« 51
   Über den Zusammenhang von Spielen und Lernen 52

4. **Manche Kinder müssen steinige Wege gehen** 54

5. **Die Krippe – eine unerschöpfliche Lebensquelle** 61
   Gesellschaftliche Vorgaben zur Ausbildung von Empathiemustern 61
   Der Übergang vom Elternhaus in die Krippe 64
   Die Eingewöhnungsphase gut gestalten 65
   Eltern müssen loslassen können 66
   Eine Beziehung muss wachsen 68
   Gegenseitige Anregungen 72
   Interaktionen 77
   Freundliche Kontaktaufnahme 83
   Überwindung von Unsicherheit 84
   Viele Beziehungswünsche 86
   Spuren hinterlassen 88

6.	**Der Kindergarten – ein Ort der Lebensfreude**	93
	Was Kinder über das Klugwerden denken	102
	Quellen der Persönlichkeitsentwicklung	102
	Was macht die Spinne beim Frühstück?	109
	Empathie in Konfliktsituationen	115
7.	**Willkommen in der Schule**	118
	Motivationssysteme aktivieren	118
	Kinder wollen lernen	119
	Empathiemuster am Übergang vom Kindergarten in die Schule	121
	Wertschätzung für Empathie-Vermittlerinnen	132
	Erwartungen von Lehrerinnen und Lehrern	135
	Schulen mit Vorbildcharakter	138
8.	**Ausblick**	140
	Literatur	141
	Dank	143
	Fotos	144
	Text	144
	Bildnachweis	144

»Bin ich willkommen auf dieser Welt?«

Das ist wahrscheinlich die grundlegende emotionale Empfindung eines jeden Babys.

Eine Antwort darauf erfährt das kleine Kind in der körperliche Wärme und der emotionalen Zuneigung seiner Eltern und anderer naher Personen. Diese Erfahrung ist die Grundlage dafür, dass ein Mensch überhaupt eine empathische Beziehung zu anderen eingehen und sich als soziales Wesen erleben und entwickeln kann. Im Kern lassen sich die Erkenntnisse für eine gelingende Entwicklung so zusammenfassen: Eltern sollten ihrem Kind körperliche und emotionale Sicherheit geben. Sie sollten sich in die Wünsche und Bedürfnisse ihres Kindes einfühlen können und Interesse an seiner Entwicklung haben. Wenn ein Kind spürt, dass es seinen Eltern in den hektischen und oft unübersichtlichen Situationen immer wieder gelingt, einen gangbaren Weg zu finden, dann erkennt es darin auch für sich einen guten Orientierungsrahmen. Diese Erfahrung führt zu einem starken Sicherheitsgefühl. Wenn es Eltern gelingt, sich in ihr Kind einzufühlen und ihm eine sichere Bindung und Beziehung anzubieten, dann ist das die beste Voraussetzung für eine gelingende Entwicklung. Eltern sollten zusammen mit ihrem Kind auch immer wieder Momente des Glücks erleben und genießen können.

Spürt ein Kind, dass es von seinen Eltern und später auch von seinen Erzieherinnen gemocht wird, dann macht es die Erfahrung von Empathie. Diese Erfahrung gibt ihm emotionale Sicherheit. Auf diese Weise wird ein Kind empathiefähig. Sein sich entwickelndes Gehirn wird die erfahrene Empathie nicht nur speichern, sondern auch als Quelle für die weitere Ausdifferenzierung nutzen. Auf diese Weise wird die Grundlage für alle emotionalen, sozialen und kognitiven Entwicklungsprozesse geschaffen. Bereits in der frühen Kindheit bilden sich nämlich Grundmuster aus, über die alle nachfolgenden Erfahrungen laufen. In der Empathiefähigkeit naher Personen liegt die Quelle einer gelingenden Entwicklung. Dieses Grundverständnis wird von namhaften Säuglings-, Bindungs-, Entwicklungs- und Hirnforschern geteilt. Mehr und mehr kristallisiert sich in den einzelnen Forschungsbereichen heraus, dass der Mensch auf Gemeinschaft angewiesen ist. So ist es nicht verwunderlich, dass die neuen Forschungsergebnisse auch bei Soziologen auf großes Interesse stoßen. Begriffe wie Empathie oder emotionale Achtsamkeit tauchen immer häufiger auf, wenn es darum geht, die Quelle für eine gut verlaufende individuelle und auch eine gesamtgesellschaftliche Entwicklung zu benennen. Jeremy Rifkin meint sogar ein neues soziales Webmuster zu erkennen – die empathische Zivilisation (Rifkin 2010).

Die vielen Bilder in diesem Buch verweisen auf Situationen, von denen wir annehmen, dass sich in ihnen Erfahrungen von Geborgenheit, Entdeckerlust, Wohlgefühl, Empathie und Glück abbilden.

1. Wie Eltern den Start ins Leben unterstützen können

In der Regel entwickelt ein Kind in den ersten Tagen und Wochen durch die körperliche und emotionale Zuwendung von Mutter und Vater eine sichere Bindung. Es entsteht – wenn alles gut geht – ein Urvertrauen. Mit großen Augen blickt ein Kind unmittelbar nach der Geburt in die Welt. Es spiegelt sich in den Augen der Eltern und sucht zu erkunden, ob es in dieser Welt willkommen ist. Bereits durch diese Spiegelungsprozesse wird die Entwicklung des kindlichen Gehirns angeregt. Wir können davon ausgehen, dass in dieser frühen Entwicklungsphase erste innere Empathiemuster gebildet werden.

Eine entscheidende Voraussetzung für die Persönlichkeitsentwicklung eines Kindes ist eine anregende, freundliche und wertschätzende Atmosphäre in der Familie. Das gilt auch für die Krippe, den Kindergarten und die Schule. Wenn die Bezugspersonen aufmerksam die Signale der Kinder wahrnehmen und zu verstehen suchen, wenn sie empathisch reagieren, dann lernen Kinder bereits in den ersten Lebensjahren den achtsamen Umgang miteinander. Hirnforscher gehen davon aus, dass die Qualität der Beziehung den Aufbau der neuronalen Schaltkreise prägt. Die so entstehenden Muster der neuronalen Verbindungen sind ein Spiegelbild der Gefühlsreaktionen der Bindungspersonen. Hier werden die Grundlagen für Empathiefähigkeit gelegt.

Auftretende Konflikte sollten Eltern und Erzieherinnen – auch wenn das manchmal nicht leicht ist – in Gesprächen mit dem Kind klären. Gelegentliche Frustrationen gehören zu normal verlaufenden Entwicklungsprozessen. Wenn es Eltern gelingt, nicht nur über die schönen, sondern auch über die belastenden Situationen des Alltags zu sprechen, dann stärken sie das Selbstwertgefühl ihres Kindes.

In Konflikten werden Gefühle wie Ärger, Wut und Enttäuschung erlebbar. Oft sind Kinder in solchen Situationen innerlich so aufgewühlt, dass sie darüber erschrecken und in eine hilflose Situation geraten. Deswegen sollten Eltern die Gefühle nicht nur ansprechen, sondern ihrem Kind vermitteln, dass ihre Liebe zu ihm durch die äußeren Ereignisse nicht gestört ist. So kann ein Kind ein gutes Selbstwertgefühl ausbilden.

Eltern sind in den meisten Fällen intuitive Resonanzspender

Kinder verfolgen schon als Säuglinge mit höchster Aufmerksamkeit die Interaktionen naher Personen. Die Verhaltensbiologin Gabriele Haug-Schnabel (2003) schreibt, aus dem Blickwinkel eines Babys könne man sich das innere Erleben so vorstellen:

»Nehmen sie mich wahr?« »Achten sie auf meine Signale?« »Ist es ihnen wichtig, meine Bedürfnisse zu befriedigen?«

Empathiemuster bilden sich dann heraus, wenn ein Kind zum Beispiel spürt, dass die Eltern sein Schreien richtig deuten können. Manchmal möchte es auf den Arm genommen und getröstet werden. Der Grund des Schreiens kann aber auch Hunger sein. Manchmal verweist das Schreien eines Babys auf Schmerzen. Eltern, die in diesen Fällen feinfühlig und angemessen reagieren, tragen durch ihre Resonanz dazu bei, dass sich im kindlichen Gehirn diese Erfahrungen als empathische Muster establieren. Bereits diese frühen Erfahrungen werden von einem Kind emotional erfasst und gespeichert. Über die auf diese Weise angelegten limbofrontalen Bahnungen laufen unser Leben lang alle emotional-kognitiven Prozesse.

Über das Entstehen empathischer Kindheitsmuster

Zum Verständnis komplexer Erfahrungen in der frühen Kindheit haben vor allem die Ergebnisse der Bindungsforschung beigetragen. Zunächst ist es die körperliche Wärme der Mutter, die ein Baby spürt.

Die Mutter stillt darüber hinaus Hunger und Durst. Schon bald treten neben die Mutter andere Personen, die das Baby auf den Arm nehmen und ihm durch Mimik und Stimme ein sicheres Gefühl vermitteln. Es ist sogar für die Autonomieentwicklung wichtig, dass ein Kind neben der Mutter noch eine weitere Person erlebt, die auf diese Weise Sicherheit spendet.

Das Bindungssystem, das sich im ersten Lebensjahr entwickelt, bleibt das ganze Leben über aktiv. Der menschliche Säugling hat die angeborene Neigung, die Nähe einer vertrauten Person zu suchen. Das räumliche Ziel seiner Suche ist Nähe, das emotionale Ziel ist Empathie. Reagieren die Eltern angemessen – feinfühlig – auf die Bedürfnisse ihres Kindes, so wird es wahrscheinlich mit einem Jahr »sicher gebunden« sein. Das bedeutet, dass ein Kind diese spezifischen Personen bei Bedrohung und Gefahr als sicheren Hort mit der Erwartung von Schutz und Geborgenheit aufsuchen

10   Wie Eltern den Start ins Leben unterstützen können

Über das Entstehen empathischer Kindheitsmuster 11

wird. Reagieren die Eltern eher zurückweisend auf sein Bindungsbedürfnis, so entwickelt sich daraus eher ein unsicheres Bindungsverhalten. Der Säugling verinnerlicht, dass seine Wünsche nach Nähe und Geborgenheit nicht mit Zuwendung, sondern mit Ablehnung und Zurückweisung beantwortet werden. Sind die Reaktionen der Eltern auf das Bedürfnis ihres Kindes eher inkonsistent und wenig vorhersagbar, dann führt dies ebenfalls zu einer emotionalen Verunsicherung. Diese Kinder weinen zum Beispiel lautstark in der Trennungssituation und klammern sich an der Bindungsperson fest. Über lange Zeit sind sie nicht zu beruhigen und können nicht mehr in einer emotional ausgeglichenen Verfassung zum Spiel zurückkehren. Einerseits klammern sie, andererseits zeigen sie aber auch aggressives Verhalten.

Zu wünschen ist jedem Kind eine sichere Bindung an seine Eltern. Das erleichtert den Start ins Leben und wird sichtbar, wenn ein Kind später eine Krippe besuchen wird (Dornes 2000; Brisch 1999).

Ein Säugling, der sich sicher und geborgen fühlt, kann die Umwelt erforschen und auch neugierig und angstfrei neue Kontakte zu anderen Personen aufnehmen und diese zu einer emotional bedeutungsvollen Beziehung entwickeln. Ein Kind kann bereits im ersten Lebensjahr zu mehreren Personen eine enge Bindung entwickeln. Das können zum Beispiel die Familienhebamme, die Tagesmutter oder die Großeltern sein. Eine Bindung zu mehreren Personen ist dann möglich, wenn diese Personen verlässlich und zugewandt sind. Für das menschliche Neugeborene und Kleinkind ist die Schutzfunktion durch eine Bezugsperson von lebenserhaltender Bedeutung. Dorthin kann sich das Kleinkind in Gefahrensituationen retten und Schutz und Hilfe erwarten. Werden diese Bedürfnisse befriedigt, so wird das Bindungssystem beruhigt. Werden sie hingegen missachtet oder nur in sehr unzuverlässiger Weise beantwortet,

so führt dies zu Enttäuschung und Wut. Es stellen sich ambivalente Gefühle gegenüber der Bindungsperson ein. Daraus können sich Beeinträchtigungen und Störungen der künftigen Entwicklung ergeben.

Ist das Grundbedürfnis nach Geborgenheit gestillt, so werden Kinder nun auf vielfältige Weise versuchen, ihre Welt zu entdecken. Zunächst ist es das Gesicht der Mutter, später sind es die Gesichter naher Personen und danach sind es die Spielsachen und Gegenstände in seiner unmittelbaren Umgebung. Wieder einige Zeit später sind es Wasser, Erde, Sand, Gebüsch und Nischen aller Art, die Möglichkeiten für Entdeckungen bereithalten. Die Erfahrung von Sicherheit bildet die Grundlage für Entdeckungen aller Art. Diese können am besten im Spiel realisiert werden.

Das Rennen und Toben oder das leise Spielen sollten Eltern und Erzieherinnen möglichst genießen können. Leider schleicht sich bei vielen Eltern schon viel zu früh ein Unsicherheitsgefühl ein. Sie machen sich angesichts zunehmender Leistungserwartungen Sorgen, ob sie ihrem Kind auch genügend Entwicklungsanreize bieten. Oft wird die Lösung dieses Problems im Einsatz unterschiedlichster Förderprogramme gesehen. Werden diese Vorstellungen als Erwartung an die Erzieherinnen in Krippe und Kindergarten weitergegeben, dann kann es leicht passieren, dass die Programme das Leben bestimmen und das Kind mit seinen individuellen Bedürfnissen und Entwicklungsschritten aus dem Blick gerät. Als Folge ist eine verstärkte Unsicherheit zu verzeichnen, die so intensiv werden kann, dass sie als Angst erlebt wird und schon früh das Stress-System eines Kindes auslösen kann. Diese emotionalen Erfahrungen übertragen sich auf die Wahrnehmungsprozesse des Kindes und beeinflussen die Entwicklung seines Gehirns. Der Weg zu einem verunsicherten Kind ist dann vorgezeichnet.

2. Wie das Gehirn die Muster webt

Bei der Geburt eines Kindes ist sein Gehirn weitgehend ausgebildet. Es sind Nervenzellen in großer Zahl vorhanden. Diese müssen sich nun miteinander vernetzen, denn nur so können sie sich vor einem frühzeitigen Absterben schützen. Diese Vernetzungsprozesse sind auf konkrete Erfahrungen angewiesen.

Unser Gehirn besteht im Wesentlichen aus Nervenzellen (Neuronen) und den sie verbindenden Nervenfasern. Jedes Neuron besitzt weite, baumartige Verzweigungen (Dendriten). Sowohl an den Dendriten als auch am Zellkörper des Neurons enden die Nervenfasern anderer Neuronen. Die einzelnen Nervenzellen sind durch Synapsen vielfältig miteinander verbunden. Hier findet die Übertragung von Nervenimpulsen statt. Sie bilden ein unüberschaubares Netzwerk, das alles Denken, Lernen, Fühlen und Handeln hervorbringt.

Die am stärksten durch die jeweiligen Nutzungsbedingungen strukturierte Hirnregion ist der frontale Kortex. Die in dieser Region während der Kindheit herausgebildeten Verschaltungen sind für die Steuerung der wichtigsten späteren Leistungen des menschlichen Gehirns zuständig (Selbstwirksamkeitskonzept und Motivation, Impulskontrolle und Handlungsplanung, soziale und emotionale Kompetenz). Um die hierfür erforderlichen, hochkomplexen Verschaltungen ausbilden zu können, müssen Kinder möglichst viele und möglichst unterschiedliche eigene Erfahrungen machen. Dazu brauchen sie vielfältige stimulierende Angebote, die ihre emotionalen Zentren aktivieren. Sie brauchen Herausforderungen, die sie erfolgreich bewältigen können. Es kommt darauf an, dass Eltern und Erzieherinnen solche Anregungen geben und solche Spielsachen bereitstellen, die für Kinder des jeweiligen Alters eine Bedeutung haben. Auch wenn es inzwischen unzählig viele technische Weiterentwicklungen traditioneller Spielsachen gibt, so bleiben als Spielklassiker doch einige Objekte als unersetzbar erhalten. Dazu zählt das Spiel mit Puppen. Gelegentlich sollten Eltern und Erzieherinnen einmal darüber nachdenken, was so ein Spiel mit der Puppe so alles im Gehirn in Bewegung bringt.

Empathie im Spiel mit der Puppe

Wir sehen den freundlichen Blick, den eine Puppenmutter ihrer Puppe zuwendet. Vielleicht hat das Mädchen viele Erfahrungen dieser Art in seiner frühen Kindheit gemacht und muss sie nun nur umsetzen. Vielleicht ist es aber auch der Versuch, sich selbst über die Puppe Geborgenheit zuzuspielen. Nicht zu übersehen ist der zärtliche Griff zur Puppenhand. Das Bild strahlt Zufriedenheit und Geborgenheit aus. Wir dürfen vor dem Hintergrund unseres theoretischen Wissens über Vorgänge im

kindlichen Gehirn annehmen, dass in solchen Situationen der Botenstoff Oxytocin ausgeschüttet wird. Das Mädchen drückt die Puppe nun liebevoll an den eigenen Körper. Empathie wird unmittelbar sichtbar. Der freundliche Blick ruht auf dem Gesicht der Puppe. Ein Kind spiegelt sich während seines Spiels in den Augen der

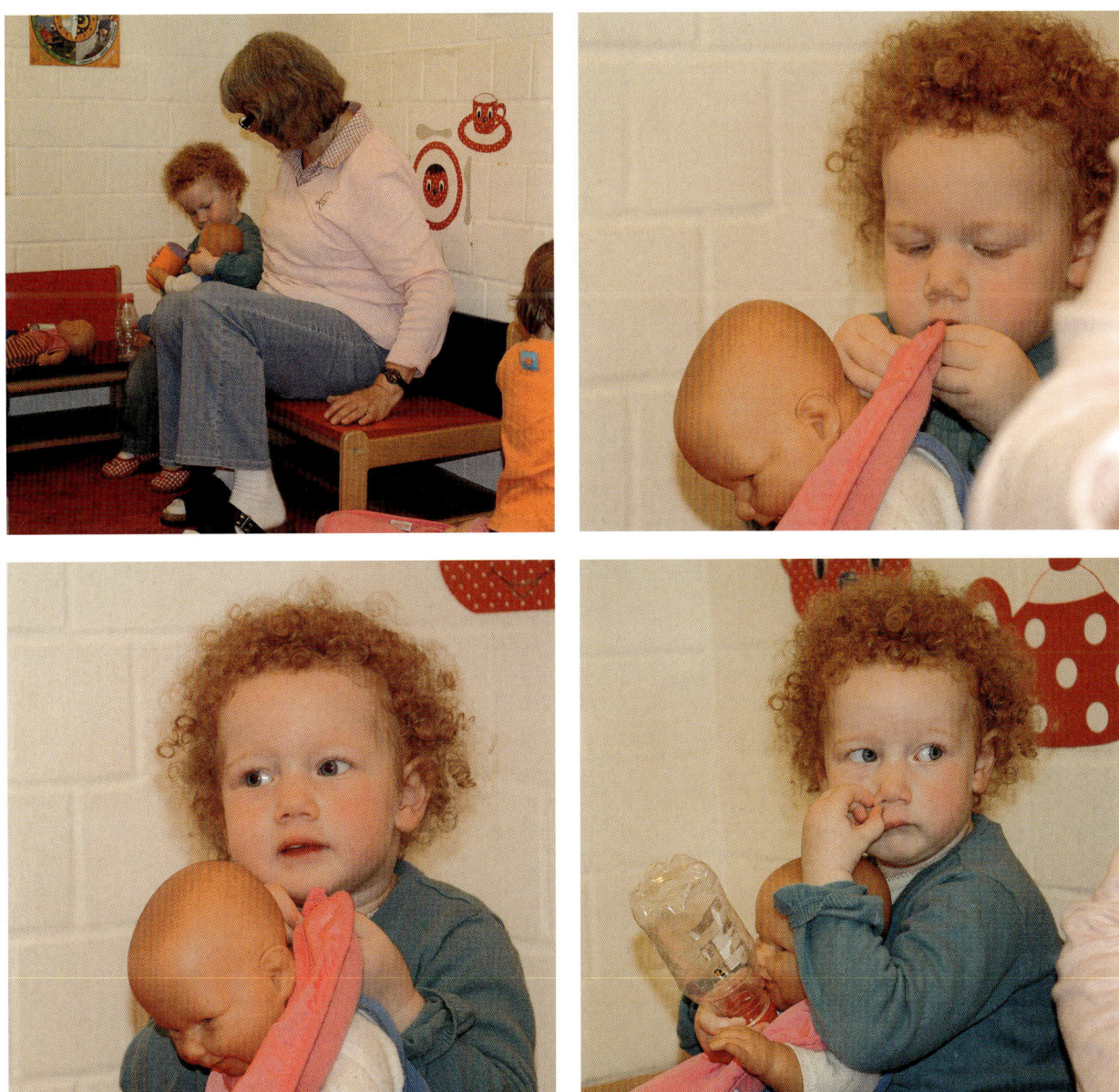

Puppe. Dieser Prozess setzt empathische Spiegelungserfahrungen voraus. Kind und Puppe strahlen um die Wette. Es herrscht pure Zufriedenheit. Diese wird durch die Versorgung der Puppe mit dem Fläschchen verstärkt. Kurzfristig ist die Unterstützung durch die Erzieherin erforderlich. Danach hat die Puppenmutter das Geschehen wieder voll im Griff, die Erzieherin könnte sich anderen Aufgaben zuwenden. Nebenan versorgt ein anderes Kind eine andere Puppe.

Dann ist im Spiel mit der Puppe plötzlich eine kniffelige Aufgabe zu lösen. Die Puppe soll ein Lätzchen bekommen. Dieses zu verschließen ist nicht einfach. Das Mädchen steht vor einer neuen Aufgabe. War bisher sein empathisches Muster voll gefragt, so muss nun der frontale Kortex, mit dem wir denken und unsere Handlungen planen, in Aktion treten. Nervenzellen aus dem limbischen Bereich fragen dort an, wie eine Lösung aussehen könnte. Das bedeutet, dass zwischen den Nervenzellen, in denen unser Mitgefühl gespeichert ist, und den Zellen, die für das Denken und das Lösen von Problemen zuständig sind, permanent Informationen hin- und herfließen. Dabei stabilisieren sie die wichtigen limbofrontalen Bahnungen (Fühl-Denk-Handlungsbahnen). Durch das Lösen immer wieder neuer Probleme kommt es schließlich zur Verstärkung (Myelinisierung) der Nervenbahnen. Dadurch werden die Nervenzellen nicht nur besser miteinander vernetzt, sondern es wird auch die Schnelligkeit der Informationsübertragung gesteigert. Eltern, Erzieherinnen und Lehrkräfte, die diese Zusammenhänge verstehen und beim Umgang mit den Kindern berücksichtigen, können den Selbstentwicklungsprozessen der Kinder vertrauen. Im vorliegenden Beispiel hat das Mädchen das Problem gelöst, es wird sich Freude über die eigene Leistung einstellen. Diese Freude gründet auf der Erfahrung von Selbstwirksamkeit. Hätte die Erzieherin dem Mädchen das Problem abgenommen, wäre die Freude weniger stark ausgefallen, vielleicht wäre sie sogar ausgeblieben. In Spielsituationen, in denen ein Kind selbstständig Lösungen findet, sind fast alle Systeme des Gehirns, auf die es bei der Entwicklung zur Persönlichkeit ankommt, aktiv.

In unserem Beispiel erhält die Puppe, geschützt durch das Lätzchen, nun sein Fläschchen, und die Puppenmutter kann sich schon einmal mit den Augen anderen Ereignissen zuwenden. Auf diese Weise tragen Kinder selbst zur Ausbildung ihrer empathischen Muster bei.

Das Gehirn und seine Verarbeitungssysteme

Viele Hirnregionen, die schließlich die Persönlichkeit eines Menschen ausmachen, sind zunächst nur potenziell angelegt.

> *»Die Persönlichkeit eines Menschen ist eine lebenslang andauernde Kombination von Merkmalen des Temperaments, des Gefühlslebens, des Intellekts und der Art zu handeln und zu kommunizieren. Man unterscheidet innerhalb der Persönlichkeit häufig zwischen Temperament (Kernpersönlichkeit), das hochgradig genetisch determiniert ist, und Charakter (erweiterte Persönlichkeit), der stark von Umwelteinflüssen bestimmt wird«* (Roth 2010).

Das Gehirn reift vor- und nachgeburtlich auf der Grundlage einer engen Interaktion von genetischer Steuerung, Selbstorganisation, erzieherischen und Umwelteinflüsssen aus. Zunächst sind mehr Nervenzellen vorhanden als benötigt werden. Aber dann kommt es nach und nach zu einer gesteuerten Reduktion. Es werden die für das Leben notwendigen Zellen miteinander verbunden. Nur die Nervenzellen, die sich aufgrund ihrer Benutzung miteinander verbinden, bleiben erhalten. Die differenzierten Wachstumsprozesse im kindlichen Gehirn, vor allem die Verbindungen vom limbischen System zum frontalen Kortex sind auf konkrete Erfahrungen angewiesen. Im Verlauf dieses Prozesses entstehen auf vielfältige Weise miteinander vernetzte Systeme:

- *Stressverarbeitung:* Die Grundstruktur, wie ein Kind mit Unsicherheitssituationen umgeht, wird nach neueren Erkenntnissen bereits vorgeburtlich angelegt und ist abhängig davon, ob eine Mutter in einem geschützten und wohlwollenden familiären Umfeld ihr Kind austragen kann. Ist sie bereits während der Schwangerschaft

---

Zur Entstehung der Systeme

Beruhigung
Früh Nachgeburtlich

Stress
Vorgeburtlich

Motivation
Erstes Lebensjahr

Belohnung
Früh Nachgeburtlich

Impulskontrolle
Erfahrungsabhängig
bis 20 Jahre

Empathie
Zweites Lebensjahr

Realität / Risiko
Erfahrungsabhängig

starken emotionalen oder gesundheitlichen Belastungen ausgesetzt, wird die neuronale Struktur des Kindes dadurch beeinflusst.
- *Beruhigungssystem:* Bereits früh nachgeburtlich bildet sich aufgrund der Erfahrungen mit nahen Personen das Beruhigungssystem aus. Das ist besonders dann der Fall, wenn Eltern einfühlsam mit den Wünschen, Bedürfnissen und Sorgen ihres Kindes umgehen.
- *Empathiemuster* bilden sich über frühe Bindungserfahrungen aus. Sie werden im Wesentlichen beeinflusst durch die Fürsorge der Eltern und später durch empathische Erfahrungen in der Krippe. So können Kinder bereits im zweiten Lebensjahr ihr Mitgefühl anderen gegenüber durch Mimik, Gestik und Sprache zum Ausdruck bringen.
- *Motivationssystem:* Bereits im ersten Lebensjahr bildet sich die Grundstruktur für Entdeckungsfreude und Lernwille aus. Die Entwicklung des Motivationssystems ist darauf angewiesen, dass ein Kind vielfältige eigene Erfahrungen machen und dabei auch erfolgreich sein kann.
- *Realitäts-Risiko-System:* Die Entwicklung der entsprechenden neuronalen Muster ist abhängig von konkreten Erfahrungen im Alltag des Kindes. Es bildet sich im Verlauf der Jahre immer weiter aus und führt dazu, dass die Fähigkeit zur Abschätzung konkreter Gefahren wächst.
- *Impulskontrolle:* Das Leben besteht auch aus vielen Dissonanz- und Konflikterfahrungen, die oft starke Emotionen auslösen. Kinder müssen es lernen, diese Emotionen als Teil ihrer Persönlichkeit anzunehmen. Wenn sie Hilfe für das Lösen von Konflikten erhalten und hier eine zunehmende Selbstwirksamkeit erleben, dann wächst ihre Kompetenz für den Umgang mit belastenden Situationen.
- *Belohnungssystem:* Zu den wichtigen Erkenntnissen der Hirnforschung, gehört die Entdeckung eines gehirneigenen Belohnungssystems. Kindliche Neugier, Entdeckerfreude und die damit verbundenen Glückserlebnisse führen zur Aktivierung des dopaminergen Systems. Dopamin und hirneigene Opiate werden ausgeschüttet und sorgen für Wohlbefinden, Motivation, Kreativität und Neugierde. Der Mangel an Dopamin führt hingegen zu Ideen- und Fantasielosigkeit, Antriebslosigkeit und Depressivität. Eine Erhöhung führt zu Sensations- und Abwechslungslust, psychischer Unruhe, Impulsivität, Aggressivität, Ideenflucht und zu Wahnideen (Roth 2010). Voraussetzung für erfolgreiches Lernen ist zunächst die emotionale Erfahrung von Geborgenheit. Im Gehirn führt dies zur Ausschüttung des Botenstoffes Oxytocin. Auf dieser Grundlage sammeln Kinder bei entsprechender Anregung die unterschiedlichsten Erfahrungen. Sie wollen die Welt erleben und ihre Handlungsmöglichkeiten ausprobieren. Dazu braucht es den Botenstoff Dopamin. Er wird vor allem dann ausgeschüttet, wenn das Experimentieren mit Freude verbunden ist. Auf diese Weise werden körpereigene Opioide ausgeschüttet, die ein gutes Gefühl machen. Dieses System verleiht den Dingen und Ereignissen um uns herum eine Bedeutung. Bedeutsam ist, was auch von den Eltern und

Erzieherinnen als wichtig angesehen wird. Wird dem Spiel eine hohe Bedeutung beigemessen, dann bahnen sich nicht nur die oben genannten Fähigkeiten, sondern es werden mit diesen neuronalen Vernetzungen gleichzeitig die im Spiel erfahrene Freude und Begeisterung mit eingespurt. Hier werden die grundlegenden Bahnungsprozesse im kindlichen Gehirn angelegt, die auch später mit darüber entscheiden, ob sich ein Kind gerne neuen Aufgaben zuwendet und risikofreudig in die Welt blickt. Das Spiel schafft einen Rahmen, in dem Erwachsene und Kinder ihre Aufmerksamkeit gemeinsam auf einen Gegenstand ausrichten. Sie erleben Anspannung, Aufregung und Freude am Gelingen einer Spielhandlung gemeinsam und tauschen sich darüber aus. Im Spiel erschaffen sie sich eine gemeinsame Erfahrungswelt, die oft intensive Erlebnisse bereithält. Auf diese Weise – das muss ihnen beim Spiel nicht bewusst sein – regen sie die strukturbildenden Elemente im kindlichen Gehirn an und schaffen die Voraussetzungen für spätere Lernfreude und Konzentrationsfähigkeit. Für eine gelingende Entwicklung kommt es auf der Ebene der Neurotransmitter auf eine gute Mischung von Oxytocin, Dopamin und Opioiden (Glückshormonen) an. Spielsituationen ermöglichen grundlegende emotionale Erfahrungen. So sorgt z.B. Oxytocin für Vertrauen, Dopamin schafft eine grundlegende Lernmotivation, und die körpereigenen Opioide tragen zu einem guten Gefühl bei. Diese Mischung entsteht besonders dann, wenn Kinder zugewandte Eltern haben, wenn sie einen anregungsreichen Kindergarten besuchen und wenn sie in der Schule ihre Eigenaktivitäten voll entfalten können.

Motivations-Cocktail

Auf diese Weise servieren wir ihnen einen »Cocktail«, der als Quelle für eine gelingende Persönlichkeitsentwicklung angesehen werden kann.

Diese Systeme entwickeln sich höchst individuell. Sie stehen aber in einer ständigen Wechselwirkung miteinander, können sich gegenseitig verstärken oder hemmen. Das Realitäts-Risiko-System und das System für Impulskontrolle sind stark erfahrungsabhängig und finden zu einem vorläufigen Abschluss am Ende der Adoleszenz. In den ersten Lebensjahren ist es wichtig, Gefühle wahrzunehmen, Wörter für Gefühle zu finden, sich zu vergewissern. In der Pubertät und Adoleszenz kommt es darauf an, die bisherigen Erfahrungen als Wertesystem zu konstituieren. Voraussetzungen dafür sind emotionale Erfahrungen und das Kommunizieren über diese. Hier liegt die wesentliche Begründung für eine intensive Arbeit an Konflikten, wie sie z.B. in Familien, Kindergärten oder Schulen auftreten. Zwischen Emotion und Kognition finden dabei unaufhörlich Wechselwirkungen statt. Grundlage ist die neuronale Plastizität, also die bevorzugte Bahnung von häufig aktivierten Assoziationswegen, über die im Gehirn Muster des Fühlens, Verstehens und Handelns ausgebildet werden.

Das Gehirn »rutscht« mit

Diese inneren Vorgänge machen wir uns viel zu selten klar, wenn wir Kindern bei ihren vielfältigen Spielen zuschauen. Da besucht eine Kindergartengruppe einen benachbarten Spielplatz, in dessen Zentrum eine große Rutsche steht. Die meisten Kinder steigen schnell die Leiter hoch und rutschen hinunter. Weil das so viel Freude macht, wiederholen sie diesen Vorgang immer wieder. Ihre Neurotransmitter sind hoch aktiv.

Da beobachtet die Erzieherin einen dreijährigen Jungen, der ebenfalls die Leiter hochsteigt, oben abwartend stehen bleibt und eine Risikoabschätzung vornimmt. Ganz so, wie es wohl jeder tut, der zum ersten Mal auf das Zehnmeterbrett im Schwimmbad steigt. So mancher ist erst einmal wieder umgekehrt. Genau das macht der dreijährige Junge. Er steigt die Leiter herunter, beobachtet aber die anderen Kinder und wird dabei von seiner Erzieherin beobachtet. Dann steigt er erneut nach oben, nimmt eine Abschätzung vor und kehrt wieder zurück. Das wiederholt sich noch einmal. Anschließend spielt er zusammen mit anderen Kindern im Sandkasten. 14 Tage später geht die Gruppe wieder zu diesem Spielplatz. Die Erzieherin hat die Situation noch vor Augen und ist gespannt, ob der Junge sich noch einmal nach oben wagen wird. Zu ihrem Erstaunen steigt er nicht nur nach oben, sondern rutscht auch sofort die Rutsche hinunter. Dabei sucht er den Blick seiner Erzieherin und ruft: »Gar nicht so schwer, Beatrix!« Die Antwort seiner Erzieherin lautet: »Das hast du jetzt entdeckt.« Damit sind wir Zeuge eines entscheidenden Vorgangs geworden. Der Junge hat die Erfahrung gemacht, dass er die Entscheidung getroffen hat und dass ihm das Rutschen gelungen

Das Gehirn »rutscht« mit 27

ist. Wir sprechen von Selbstwirksamkeitserfahrung. Von seiner Erzieherin erhält er eine empathische Resonanz. Damit sind wir bei der Quelle aller Lernprozesse. Sie speist sich aus der Dynamik von Urheberschaft und Resonanz. Es wird aber auch in der Interaktion etwas deutlich, was man als Erziehungskunst beschreiben darf:

Ein Kind braucht Anregungen, durch die es sich herausgefordert fühlt. In diesem Fall ist es eine große Rutsche. Es muss seine Möglichkeiten richtig einschätzen lernen. Ein Kind sollte dann entscheiden dürfen, wann es den nächsten Schritt macht, denn nur so kann es die wichtige Erfahrung machen, dass es der Urheber des gelungenen Verlaufs ist. Der Erfolg löst Freude aus. Die Resonanz der Erzieherin verstärkt diese Freude. Ein Motivationscocktail, wie er oben beschrieben wurde, ist serviert. Und so wundert es auch nicht, dass der Junge sofort wieder zum Startpunkt läuft, die Rutsche erklimmt und nun gar nicht mehr aufhören möchte. Er belohnt sich permanent mit guten Gefühlen, denn wir dürfen davon ausgehen, dass in seinem Gehirn nicht nur große Mengen an Glückshormonen zirkulieren, sondern eine Mixtur von Oxytocin und Dopamin zu neuen Erfahrungen antreibt. Sein Selbstbildungsprogramm ist voll aktiv.

3. Spielen bringt das Gehirn in Schwung

Kinder müssen fast alles, worauf es in ihrem späteren Leben ankommt, durch eigene Erfahrungen lernen. Die für diese Fähigkeiten verantwortlichen hoch komplizierten Nervenzellverschaltungen in ihrem Hirn stabilisieren sich jedoch nicht von allein. Sie müssen durch eigene Erfahrungen herausgeformt und gefestigt werden. Fördern lässt sich dieser Prozess nur dadurch, dass man Räume und Gelegenheiten schafft, wo Kinder sich selbst erproben können. Am besten gelingt das im Spiel.

»Und wir spielten und spielten und spielten, sodass es das reine Wunder ist, dass wir uns nicht totgespielt haben«, hält Astrid Lindgren in ihren Erinnerungen fest.

Spielen bringt das Gehirn in Schwung

Für ihre Entwicklung brauchen Kinder daher Spiel- und Erlebnisräume, die ihnen Entdeckungen ermöglichen. Der Wert dieser Erlebnisräume liegt im Wesentlichen darin, dass Kinder ein relativ hohes Maß an Freizügigkeit haben und sich doch aufgehoben fühlen. Gleichzeitig können sie ihrem Bedürfnis nach Wildheit und Abenteuer nachgehen.

»Zweierlei hatten wir, das unsere Kindheit zu dem gemacht hat, was sie gewesen ist – Geborgenheit und Freiheit. [...] in unseren Spielen waren wir herrlich frei und nicht überwacht« (Lindgren 2002).

Es ist unbestritten, dass die Erlebnisräume heutiger Kinder nichts mehr zu tun haben mit den Figuren in Astrid Lindgrens Büchern. Deswegen ist das Bedürfnis nach einem ausgelassenen Spiel natürlich nicht verschwunden. Also wird es in unserer Zeit darum

gehen, Spielräume für Kinder zu schaffen oder gemeinsam mit ihnen Erlebnisräume aufzusuchen, in denen sie Entdeckungen machen können. Das ist zum Beispiel immer noch im Wald möglich. Die beste Unterstützung für das Interesse an der Natur und für das Erforschen einzelner Phänomene besteht in der frühen Kindheit immer noch darin, den Kindern Zeit zu geben, damit sie in aller Ruhe bei ihren Entdeckungen verweilen können. Das kann eine Schnecke oder eine tote Maus sein, das kann aber auch ein so kleiner Wurm sein, dass die Hände daneben riesengroß erscheinen.

Hat man mit den Kindern den Wald erreicht, dann gibt es keinen Grund, in Eile und Hektik zu verfallen. Ruhe ist angesagt. Und nun machen die Kinder die unterschiedlichsten Entdeckungen, machen einander aufmerksam, staunen und verweilen bei ihren Beobachtungen. Selbst wenn man sich nur wenige Meter bewegt hat, so gibt es doch eine Vielzahl von Entdeckungsmöglichkeiten – und darauf kommt es an.

Spielen bringt das Gehirn in Schwung 35

36 Spielen bringt das Gehirn in Schwung

Vor allem aber haben Kinder im Spiel die Chance, sich nicht nur als Urheber ihrer Ideen zu erleben, sie können auch die Erfahrung machen, dass ihre Ideen im Spiel Realität annehmen. Das löst in der Regel Freude aus. Die Erfahrung von Freude basiert auf der Ausschüttung von Glückshormonen. Damit ist der gehirneigene Botenstoff benannt, der die Kinder immer wieder dazu bringt, aktiv zu sein.

Spielen und Lernen sind in der Kindheit eng aufeinander bezogen. Das Spiel erlaubt dem Kind, neue Fertigkeiten zu erproben, Lösungen und Strategien für immer komplexere Probleme zu erfinden und schließlich auch emotionale Konflikte zu bewältigen. Das vor allem bei Jungen so beliebte Fußballspiel beansprucht nicht nur motorisches Geschick, es setzt vor allem auch kommunikative und emotionale Fähigkeiten voraus. Da muss sehr viel miteinander besprochen und ausgehandelt werden. Wo soll das Tor sein? Wer darf mitspielen? Und wo ist überhaupt Platz für das Spiel? Werden andere Kinder in ihrem Spiel beeinträchtigt? Werden die Fußballspieler von andern Kindern gestört?

38 Spielen bringt das Gehirn in Schwung

Die Freude, die Kinder bei ihren Spielen erleben, stärkt ihre Konzentrationsfähigkeit und ihr Selbstwertgefühl. Kindliche Neugier und die damit verbundenen Glückserlebnisse führen im Gehirn zur Aktivierung des Motivationssystems. Wird der kindlichen Entdeckerfreude eine hohe Bedeutung beigemessen, dann wird die erlebte Begeisterung im Gehirn verankert. Hier werden die grundlegenden Bahnungsprozesse angelegt, die mit darüber entscheiden, ob sich Kinder gerne neuen Aufgaben zuwenden und konzentriert lernen können. Hier wirkt die »Spiel-Einfühlfähigkeit« der Erwachsenen als Vorbild für die sich langsam entwickelnde Fähigkeit, sich in die Absichten und das Verhalten anderer Personen einzufühlen. Langzeituntersuchungen von Bindungsforschern haben ergeben, dass sich die »Spiel-Einfühlfähigkeit« gerade von Vätern positiv auf die Persönlichkeitsentwicklung eines Menschen auswirkt.

40 Spielen bringt das Gehirn in Schwung

Spielen bringt das Gehirn in Schwung   41

HIER SIEHT MAN EINE GANZ NORMALE RITTERBURG
VIELLEICHT NICHT GANZ NORMAL, WEIL IN DER RITTERBURG DIE RITTER AUS DIESER GESCHICHTE LEBEN

Unterwegs in Fantasieräumen

Auch Spielräume der Fantasie haben für die Entwicklung eine große Bedeutung. Ein fünfeinhalbjähriger Junge malt gerne Bilder von Rittern und Burgen. Eines Tages müssen seine Ritter in den Kampf ziehen und gegen böse Drachen kämpfen. Wenn der Vater nachmittags nach Hause kommt, fragt er seinen Sohn, ob er wieder etwas gemalt habe. Der Sohn holt seine Bilder hervor, erzählt und bittet eines Tages seinen Vater, aufzuschreiben, was da so alles passiert sei. Der Vater notiert, was ihm sein Sohn erzählt. Das liest sich dann so:

> »Hier sieht man eine Ritterburg. Und das hier sind die Ritter. Sie sind auf Drachenfahrt. Hier begegnen sie dem ersten Drachen, es ist ein gruseliger Langzahndrache. Er erschreckt den Ritter so sehr, dass dieser abhaut.«

In einem kreativen Akt gibt der Junge seinen Fantasiefiguren eine Gestalt. Er zeichnet die Burg und die Landschaft, in der sich das Abenteuer abspielt. Es tauchen furchterregende Drachen auf, die bis auf den letzten Ritter, mit dem sich der Junge identifiziert, alle anderen Ritter in die Flucht treiben. Er besteht das Abenteuer und geht als Sieger aus dem Kampf hervor. Diese Geschichte spielt sich über den Zeitraum mehrerer Wochen ab.

HIER BEGEGNEN SIE DEM ERSTEN DRACHEN. DER OBERSTE RITTER BLEIBT MUTIG STEHEN – DOCH SEIN PFERD HAUT AB. DER RITTER BESIEGT LEIDER DEN DRACHEN **NICHT**.

DIESER DRACHE IST EIN SCHWARZER GRUSELIGER LANGZAHNDRACHE. ER ERSCHRECKT DEN OBERSTEN RITTER SO SEHR, DASS ER DAVON LÄUFT.

Unterwegs in Fantasieräumen

NUN KOMMT DER
LETZTE DITTER
AN DIE REIHE

ER MUSS GEGEN DEN
KÖNIGS DRACHEN KÄMPFEN,
ER HAUT NICHT AB, SONDERN
BLEIBT MUTIG STEHEN, GEGEN
EINEN KÖNIGSDRACHEN IST

46 Spielen bringt das Gehirn in Schwung

DER RITTER HAT DEN DRACHEN BESIEGT. SIE MACHEN IHN ZUM ZWEIT OBERSTEN RITTER. SIE HABEN BESCHLOSSEN, WENN SIE WIEDER ZURÜCK IN DER BURG SIND MACHEN SIE EIN GROSSES FESTMAHL.

HA HA HA HA
A A A A
HA HA HA Ha HA Ha Ha Ha Ha

Mitten in der Musterspinnerei

Vater und Sohn schaffen sich einen gemeinsamen Erfahrungsraum. Der Vater fühlt sich in das Fantasiespiel seines Sohnes ein, gemeinsam richten sie ihre Aufmerksamkeit auf den Inhalt dieser Geschichte. Es kommt zu vielfältigen Interaktionen und Gesprächen. Durch das Interesse des Vaters erfährt der Sohn Wertschätzung. So entwickelt sich zwischen den beiden eine empathische Beziehung.

Auf diese Weise bilden sich im Gehirn Spiegelneuronen aus. Es handelt sich um die neuronale Vernetzung gemeinsamer Erfahrungen. In jüngster Zeit wurde dies von dem Freiburger Psychoneuroimmunologen Joachim Bauer sehr anschaulich in seinem Buch »Warum ich fühle, was du fühlst« (2005) beschrieben. Im Verlauf der frühen Kindheit verbinden sich emotionale und kognitive Erlebnisse und führen über die sogenannten limbofrontalen Bahnungen zur Ausbildung eines differenzierten neuronalen Netzwerkes. Sie schaffen auf diese Weise die Grundlagen für kognitiv-psychosoziale Kompetenz. Dazu gehört die Fähigkeit, eigene Bedürfnisse wahrzunehmen und anderen gegenüber empathiefähig zu werden. Dies passiert im Umgang miteinander, in den Handlungen oder Interaktionen des Alltags. Dieser Vernetzungsprozess ereignet sich nicht im luftleeren Raum; er ist auf konkrete Aktivitäten angewiesen, und zu deren Realisierung benötigen Kinder und Jugendliche Erlebnisräume.

»Die menschliche Entwicklung vollzieht sich im Zusammenspiel zwischen Umwelt und Gehirn. Erfahrungen tragen zu Verknüpfungen von Neuronen bei. Die Verknüpfung der Neuronen erfolgt überproportional häufig in der frühen Kindheit und nimmt zum Erwachsenenalter hin langsam ab« (Roth 2010).

Erlebnisse – Quellen einer gelingenden Entwicklung

Eltern, die sich in das Spiel ihres Kindes einfühlen können, tragen daher nicht nur zu einer stabilen Bindung und der Erfahrung von Geborgenheit bei, sie eröffnen dem Kind die Möglichkeit, seine Erfahrungen in inneren Bildern, Geschichten und Erzählungen anzulegen und zu speichern. Unser Gehirn enthält nicht Erinnerungen an einzelne Objekte, sondern an die emotionale Einbettung dieser Objekte in eine als bedeutsam erlebte Situation. Wir können das sehr schnell überprüfen, wenn wir einen Moment innehalten und uns an Spiele unserer Kindheit erinnern. Es sind die persönlichen Erlebnisse, die als erste Repräsentanten so etwas wie eine Grundmatrix ausbilden, auf der sich später abstrakte Gedanken und Erinnerungen abbilden. Hier werden die Grundlagen für die im Leben so wichtige Lernmotivation gelegt. Wenn wir nur aufmerksam sind, beschenken uns die Kinder mit ihren Ideen, die wir dann nur aufgreifen und weiterentwickeln müssen.

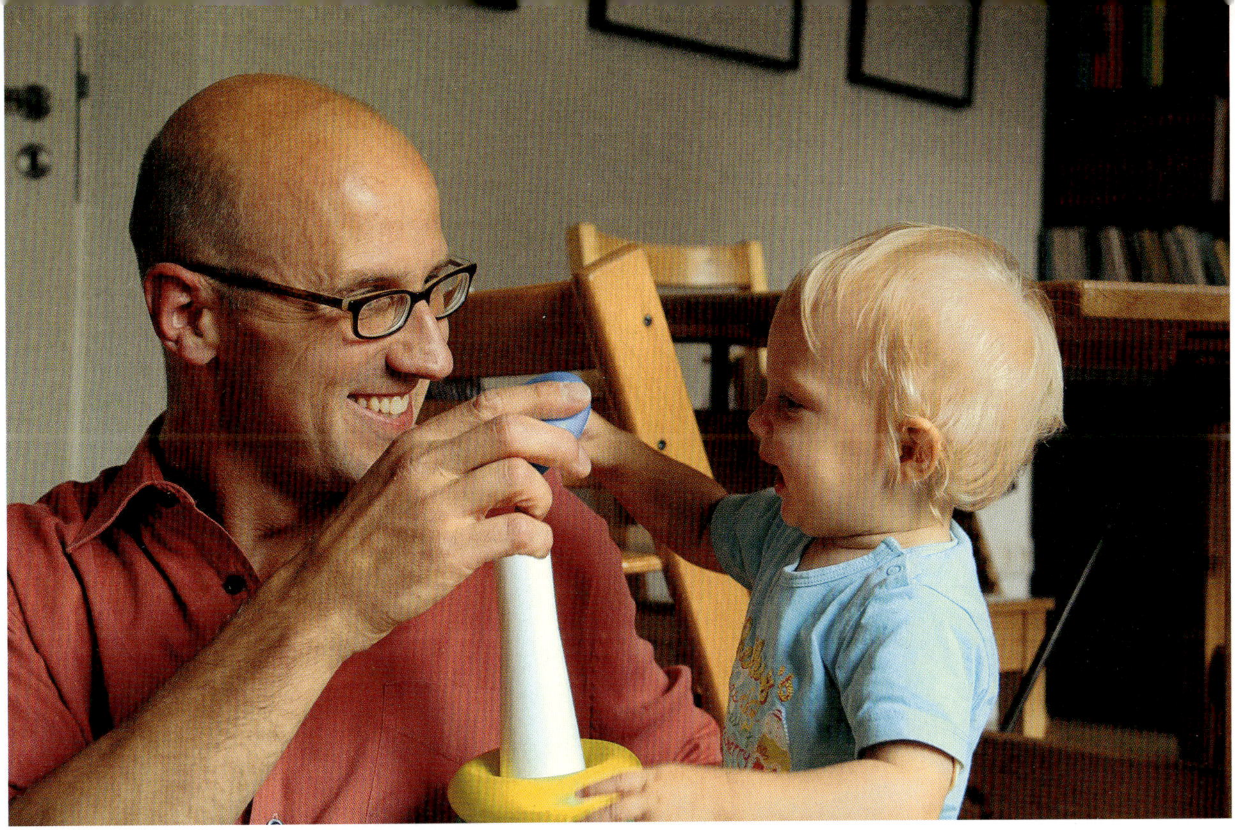

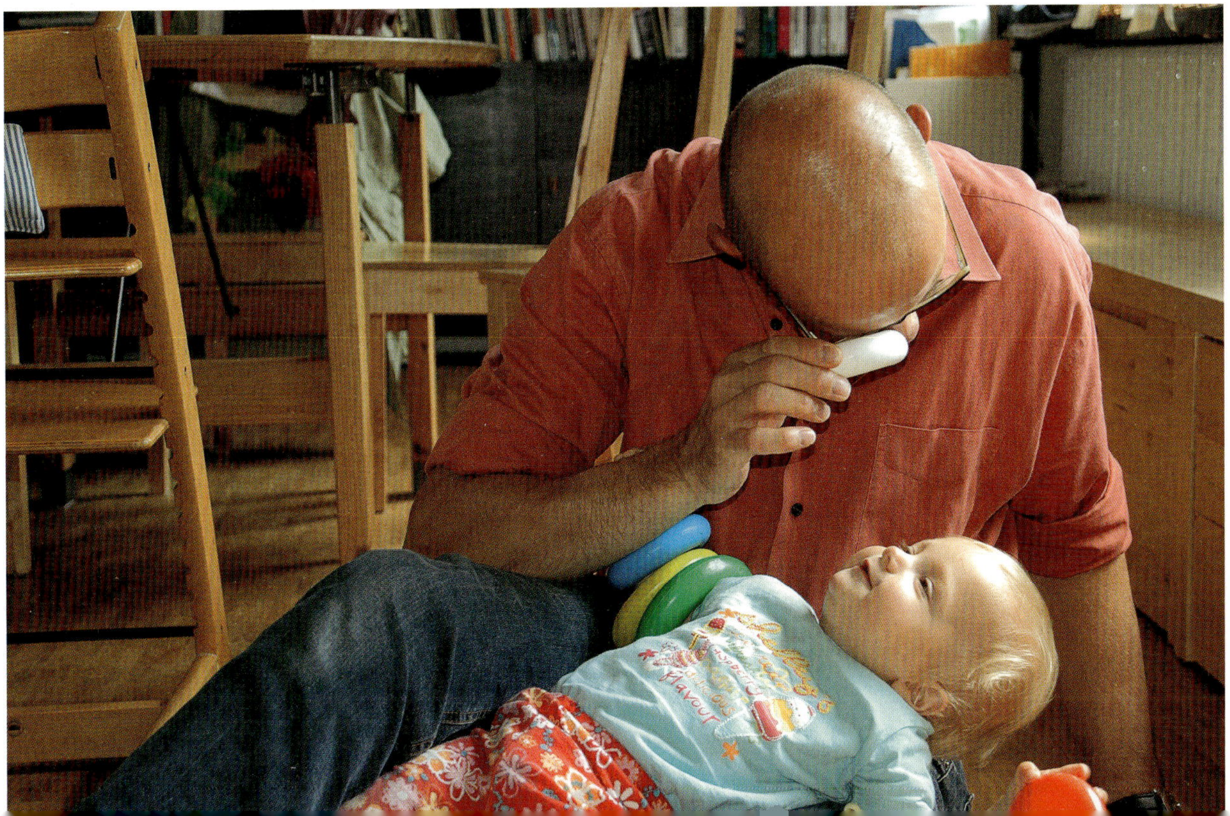

50 Spielen bringt das Gehirn in Schwung

»Da komme ich her!«

Wie eine Fahne plötzlich Spiel und Weltwirklichkeit miteinander in Verbindung bringen kann, zeigt die folgende Geschichte:

Die Kinder durften Sachen für das Fest, mit in den Kindergarten bringen. Ein kleines nepalesisches Mädchen brachte eine Fahne mit und sagte: »*Da komme ich her. Ich bin in Nepal geboren. Meine Eltern haben mich dort abgeholt. Und das ist die Fahne von Nepal.*«

Die Erzieherin nahm diese Anregung auf. Das bevorstehende Faschingsfest hatte das Thema »Wir sind Kinder einer Erde«. Ein Teil des Raumes wurde als »nepalesische« Ecke gestaltet. Einige Kinder und auch die Erzieherin kleideten sich entsprechend ein. Damit zeigt die Erzieherin Einfühlungsvermögen. Über das Erleben solcher Situationen werden Kinder empathiefähig.

»Unsere Lernmotivation muss wohl mit unserem Spiel zusammenhängen!«

Im Rahmen eigener Befragung über Grundlagen einer anhaltenden Lernmotivation antworten 16-jährige Schülerinnen und Schüler eines Gymnasiums mit der Schilderung von Spielsituationen aus ihrer Kindheit.

Wenn es regnete, so erzählt eine Schülerin, habe sie oft mit ihrem Vater und einem Onkel mit Legosteinen gespielt. Sie glaubt aus der Rückschau, die beiden hätten sich in der Situation noch einmal als Kinder gefühlt.

Eine andere Schülerin erzählt, dass sie sich zusammen mit Freundinnen mit Playmobilmaterialien eine Fantasiewelt geschaffen hätten, in die sie immer wieder eingetaucht seien. Ponyhof, Zirkus oder Zoo seien nur der Ausgangspunkt für ihre Fantasiegeschichten gewesen.

Ein Schüler berichtet, dass er zwischen Weihnachten und Neujahr zusammen mit seinen Geschwistern und dem Vater mit Legosteinen die größten Dinge gebaut hätte. Manchmal hätten sie dafür ein ganzes Zimmer benötigt. Sie hätten gebaut und gebaut. Es seien schöne Wohnungs- und Eisenbahnanlagen entstanden, aber auch wilde Gegenden, in denen man sich große Abenteuer habe vorstellen können.

Ein Mädchen erzählt, es habe da eine Verkleidungskiste gegeben. Eine wahre Fundgrube nicht nur an Kostümen, sondern eine Ideenkiste für Spiele in der Fantasie. Damit müsse es wohl zusammenhängen, beteuern alle Befragten, dass sie immer noch gerne und mit großem Interesse lernen würden.

Diese Jugendlichen bestätigen die Ergebnisse der Säuglingsforschung. Das ausgiebige Spiel in der Kindheit bildet die Grundlage für Motivation, Konzentration und Lernlust (Gebauer 2007). In vielen Kindergärten stehen solche anregenden Verkleidungskisten.

Über den Zusammenhang von Spielen und Lernen

Aus biologischer Sicht ist das Spiel ein Grundbedürfnis des Menschen. Im Spiel macht sich das Kind mit seiner sozialen und materiellen Umwelt vertraut, sucht sie zu begreifen und versucht, auf sie einzuwirken. Treibende Kräfte sind seine Neugier und Eigenaktivität. Anstrengung, verbunden mit Momenten der Frustration, gehört ebenso dazu wie die Freude über das Gelingen. Spiel kann für das Kind zu einer unersetzbaren Quelle von Zufriedenheit, Selbstsicherheit und positivem Selbstwertgefühl werden. Erwachsene sollten ihre Kinder zum Spiel anregen und gelegentlich mitspielen. Jedes Kind sollte seine Spielgegenstände selbst aussuchen könne. Es sollte ihm auch genügend Zeit gewährt werden, damit es sich in sein Spiel vertiefen kann. Im Gehirn wird dann der Botenstoff Noradrenalin ausgeschüttet. Auf diese Weise wird die Fähigkeit zur Konzentration ausgebildet.

Das Spiel ist heute ein bedrohtes Gut, das in ein »Schutzprogramm« für gesunde Lebensbedingungen aufgenommen werden müsste.

Es gibt entwicklungsgerechtes Spielzeug und ausgefeilte frühpädagogische Programme, aber es fehlt an Zeit und Muße der Erwachsenen. Die Fähigkeit zu spielen scheint sowohl bei vielen Kindern als auch bei ihren Eltern in beunruhigendem Maße verloren zu gehen. Der damit verbundene Mangel an Erfolgserlebnissen verstärkt bei den Kindern Unzufriedenheit und Langeweile und führt zu raschem Aufgeben schon bei kleinen Herausforderungen. Die so entstehende innere Unruhe wird im äußeren Verhalten sichtbar.

Über den Zusammenhang von Spielen und Lernen   53

4. Manche Kinder müssen steinige Wege gehen

Viele Eltern sind stark verunsichert. Sie wollen nichts falsch machen. In vielen Fällen führt dies zu sehr hohen Erwartungen gegenüber ihren Kindern. Überhöhte Ansprüche werden aber als Druck wahrgenommen. Ständige Überforderungen führen zu Stress und in der Folge zu psychosomatischen Beschwerden. Hirnforscher gehen sogar davon aus, dass permanenter Stress eine differenzierte Ausbildung des kindlichen Gehirns stark beeinträchtigt. Übermäßiger Druck, daran gibt es in der Hirnforschung keine Zweifel, schränkt das Lernvermögen und die herbeigesehnten Lernerfolge stark ein.

Wir wissen heute aus den für die Erziehung und Bildung relevanten Forschungsbereichen sehr genau, welche Verhaltensweisen für die Entwicklung von Kindern hilfreich sind. Eltern sollten ihren Kindern emotionale Sicherheit und Anregungen geben, ihr Selbstbewusstsein stärken, die Gefühle ihrer Kinder wahrnehmen und über Gefühle mit ihnen reden. Sie sollten Interesse an der Entwicklung haben und auftretende Konflikte für Klärungsgespräche nutzen.

Selbst bei besten Absichten kann es aber in Erziehungs- und Bildungsprozessen aus unterschiedlichsten Gründen zu Irritationen kommen. Diese können hervorgerufen werden durch Beziehungsprobleme in den Familien. Trennungen, Neuanfänge, Abwesenheit des Vaters, eine zu große Selbstlosigkeit der Mutter oder eine übermäßige Autorität des Vaters können Anlass zu Verunsicherungen sein und den Entwicklungsprozess beeinträchtigen. Aber auch Erfahrungen von Gewalt, eine vernachlässigende oder verwöhnende Erziehung können zu Verunsicherungen und Traumatisierungen führen. Wie auch immer die individuelle Familiensituation aussehen mag, es kristallisiert sich mehr und mehr heraus, dass angesichts der heutigen gesellschaftlichen Umwälzungen und unterschiedlicher familiärer Modelle die gemeinsame Zeit in der Familie ein unverzichtbares Gut darstellt. Neben einer ausreichenden materiellen Sicherheit der Familien erweisen sich insbesondere ein gutes Familienklima und regelmäßige gemeinsame familiäre Aktivitäten als bedeutsam für das Wohlergehen und für die Zukunftschancen eines Kindes. Die ungünstigste Konstellation liegt dann vor, wenn materielle Defizite mit geringer Zuwendung einhergehen. Wenn Kinder allerdings konkret erleben können, dass die Eltern auch konfliktträchtige Situationen des Alltags konstruktiv lösen, dann kann dieses Erlebnis gar nicht hoch genug eingeschätzt werden. Es schafft die Voraussetzungen für Handlungsmuster, die als innere Bilder gespeichert werden und in künftigen Situationen für das Lösen von Problemen zur Verfügung stehen. Leider gibt es für einen Teil der Kinder diese günstigen Bedingungen nicht. Manchmal fängt es schon

Manche Kinder müssen steinige Wege gehen 55

56 Manche Kinder müssen steinige Wege gehen

damit an, dass sich Eltern nicht für das Spielbedürfnis und das Spiel ihrer Kinder interessieren.

Die Münchner Säuglingsforscherin Mechthild Papoušek beobachtet seit einigen Jahren eine zunehmende »Spiel-Unlust« schon sehr kleiner Kinder.

»Mein Kind kann sich überhaupt nicht allein beschäftigen. Es ist unruhig und quengelig und fordert, den ganzen Tag unterhalten zu werden. Es mag nicht spielen, das Spielzeug ist ihm längst langweilig geworden. Ich tue alles für mein Kind, aber Spielen liegt mir nun einmal nicht«, das seien typische Äußerungen von Müttern (Papoušek 2003).

Die Bedeutung des Spiels für die kindliche Entwicklung scheint mehr und mehr verloren zu gehen. Ja, das Spiel selbst ist ein bedrohtes Gut, so das Fazit der Säuglingsforscherin. Der Kindergarten wird unter diesem Gesichtspunkt zu einem ganz zentralen Ort einer gelingenden Persönlichkeitsentwicklung. Das setzt allerdings voraus, dass man sich der Bedeutung des Spiels bewusst ist und ihm Entfaltungsmöglichkeiten gibt.
Angesichts der offenkundigen Zunahme von Sprachentwicklungsstörungen, Aufmerksamkeitsdefiziten, Lernstörungen und Hyperaktivität ist es daher dringlich, das zunehmende frühkindliche Syndrom der Spiel-Unlust mit seinen möglichen Auswirkungen auf die Entwicklung von Lernmotivation, Aufmerksamkeitsregulation und Handlungsplanung ernst zu nehmen. Es gilt, das Spiel als unersetzbare Ressource der frühkindlichen Entwicklung zu schützen. Manche Eltern wollen nichts von dem versäumen, was ihr Kind fördern könnte. Oft setzen sie damit sich selbst und ihr Kind unter Druck. In einem Klima überhöhter Erwartungen und einem Überangebot von Spielzeugen und Förderinitiativen können Neugier und Eigeninitiative des Kindes jedoch nicht gedeihen. Will man die Kinder optimal fördern und ihre Lernmotivation stützen, dann muss man bestimmte Verhaltensweisen, die sich zu einem Teufelskreis entwickeln können, meiden.

Dazu gehören:
- Missachtung der individuellen Bemühungen
- fehlende Wertschätzung
- Beschämungen
- Überbetonung der Leistung
- Vernachlässigung
- Verwöhnung
- Kälte, Gewalt und Missbrauch.

Wenn ein Kind zum Beispiel von den eigenen Eltern Gewalt erfährt, dann wird sein Stress-System ausgelöst. Aus einer aktuellen Studie geht hervor, dass 90 Prozent der Eltern gewaltfrei erziehen wollen, aber nur 30 Prozent schaffen es. Etwa 56 Prozent der befragten Eltern erteilen häufig »leichte« körperliche Strafen und etwa 14 Prozent erziehen »gewaltbelastet«. Bei Nachfragen geben Eltern an, sie fühlten sich hilflos (Deutsche Liga für das Kind 2010).

Ein kleines Kind kann sich nicht zur Wehr setzen, es hält aber die Gewalt und die damit verbundenen Schmerzen und Beschämungen nicht aus. Dies führt zur Erfahrung von Ohnmacht und zum Gefühl absoluter Wertlosigkeit, sonst würde man so etwas mit ihm nicht immer wieder machen. Bekommt ein solches Kind von keiner Stelle (Erzieherin, Kinderarzt, Jugendamt) Hilfe, dann entwickelt es innere Arbeitsmuster, die sich am Verhalten der Eltern orientieren. Es versucht, die erfahrene Ohnmacht und Angst in Sicherheit und Macht umzuwandeln, indem es zum Beispiel schwächere Kinder schlägt oder belästigt. Ein Kind entwickelt ein untaugliches Arbeitsmodell für den Umgang mit anderen Menschen und schließlich auch sich selbst gegenüber. Da ihm ständig das Gefühl vermittelt wird, nichts wert zu sein, kommt es sich selber wertlos vor und verliert schließlich sein Selbstwertgefühl. Es kommt vor, dass sich diese Kinder, wenn sie erwachsen werden, für die erlittene Schmach an den eigenen Eltern rächen. Oft richten sie aber auch ihre Aggression gegen sich selbst. Dann kommt es zum Beispiel zu Selbstverletzungen.

Wir haben es hier mit der negativen Seite einer empathischen Musterbildung zu tun. Ein Kind, das über längere Zeiträume in einer solchen Situation ausharren muss, wird in der Ausbildung aller neuronalen Muster, die für eine gefestigte Persönlichkeit stehen, stark beeinträchtigt. Sein Motivationssystem leidet, das Beruhigungssystem kann sich nicht entfalten, weil ein solches Kind ständig unter Anspannung lebt. Es wird permanent Cortisol ausgeschüttet, und die für eine empathische Entwicklung zuständigen Botenstoffe können ihre Wirkung nur sehr unvollständig entfalten. Die verstärkte Ausschüttung von Cortisol führt zu sehr eingeschränkten Handlungsweisen. Bei drohender Lebensgefahr, zum Beispiel in einer brenzligen Verkehrssituation oder bei einer körperlichen Attacke, kann das ein lebensrettender Mechanismus sein. Der Botenstoff geht über die Nebenniere direkt ins Blut und in die Muskulatur und gibt den Betroffenen die Möglichkeit, ohne weiteres Nachdenken – denn der frontale Kortex, mit dem wir denken und unsere Handlungen planen, bleibt ausgeschaltet – unmittelbar zu handeln.

Das kann je nach Situation bedeuten, dass wir die Flucht ergreifen oder kämpfen. In solchen Fällen kann Cortisol das Leben retten. Wird es hingegen immer wieder ausgeschüttet, weil sich ein Kind permanent unter Druck fühlt, dann führt es dazu, dass die Aktivitäten nachlassen, weil die Dopaminausschüttung nicht passgerecht funktioniert. Es kann zu Depressionen und regelrechten Erstarrungsprozessen kommen. Gewalt-, Ohnmachts- und Missbrauchserfahrungen lösen unmittelbar das Stress-System aus. Wird die Situation für ein Kind unkontrollierbar, dann führt die vermehrte Cortisolausschüttung sogar zu einer Beeinträchtigung schon gebahnter neuronaler Netze (Hüther 1999).

Im Rahmen einer Ausstellung von Schülerarbeiten fand ich einen handschriftlich verfassten Text, der die Situation von absoluter Erstarrung beschreibt.

Vor diesem Hintergrund wird deutlich, wie wichtig es ist, dass alle Menschen, die für die Entwicklung von Kindern und Jugendlichen Verantwortung tragen, sich um die Ausbildung vor allem empathischer Kindheitsmuster bemühen sollten.

> Du kannst sehen,
> wie Verbrechen vor deinen Augen geschehen.
> Du willst es nicht sehen ...
> Aber egal, ob du willst oder nicht,
> du kannst sie nicht aufhalten.
> Sie werden so oder so passieren.
> Immer und immer wieder –
> zu jeder Zeit.
> Aber kein Mensch kann es stoppen,
> weil Menschen daran schuld sind,
> dass es passiert.

Eine vernachlässigende Erziehung zeigt sich, wenn Eltern ihr Kind unter drei Jahren allein vor dem Fernseher sitzen lassen. Unabhängig vom Programm raubt das Fernsehen dem Kind die Zeit, die es dringend für sein Spiel benötigt. Denn seine Nervenzellen verknüpfen sich nur dann, wenn es selber aktiv ist. Die Aktivitäten vor dem Fernsehgerät sind äußerst gering. Nur wenige Zellen im Bereich des Sehens sind aktiv. Noch viel entscheidender ist die Tatsache, dass ein Fernseher nicht spiegeln kann. Die Ausbildung von Spiegelneuronen, über die wichtige empathische Informationen laufen, ist auf ein Gegenüber angewiesen, das zu einer entsprechenden Resonanz fähig ist. Insofern ist die Zeit, die kleine Kinder vor dem Fernseher verbringen, eine geraubte Zeit. Das Gehirn kann sich während dieser Zeit nicht ausdifferenzieren. Vor allem haben Kinder keine Erfolgserlebnisse. Sie richten ihre Augen lediglich auf Bilder, deren Ablauf sie nicht beeinflussen können. Diese Anregungsarmut lässt das dopaminerge System verkümmern.

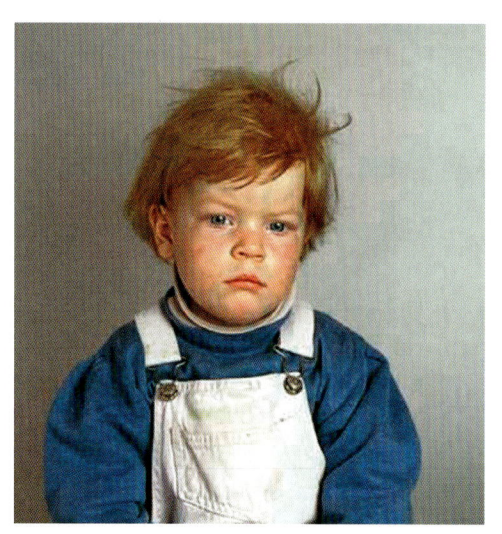

Das Foto zeigt ein Kind, dessen Augen auf den Betrachter stumpf wirken. Da fehlt jede Aktivität (Hahn/Klemm 2007).

5. Die Krippe – eine unerschöpfliche Lebensquelle

Mit der Geburt eines Kindes findet eine grundlegende Veränderung des Zusammenlebens statt. Wer seinem Kind eine Zukunft eröffnen will, der muss nun versuchen, die eigene Entwicklung und die des Kindes zu koordinieren. Berufliche, individuelle und familiäre Interessen müssen unter einen Hut gebracht werden. Das ist in der gegenwärtigen gesellschaftlichen Situation nicht immer einfach. Manchmal wird das Mitgefühl für das Neugeborene auf eine harte Probe gestellt. Viele Eltern wollen alles richtig machen, geraten aber oft angesichts zu hoher Erwartungen und unzureichender Rahmenbedingungen schon früh an ihre Grenzen. Wie auch immer die individuelle Situation aussehen mag, Eltern sollten für sich und ihr Kind gute Gestaltungsmöglichkeiten suchen, denn ohne Empathie kann sich ein Mensch nicht entwickeln.

Die Entwicklung von Empathie ist auf Sicherheit bietende Beziehungen angewiesen. Dieser Entwicklungsprozess beginnt in der Familie und setzt sich in der Krippe, im Kindergarten und in der Schule fort. In den ersten Wochen und Monaten ist der Erziehungsprozess überwiegend von den Eltern zu leisten. Es geht dabei um den Aufbau eines Netzes von verlässlichen, sensiblen zwischenmenschlichen Beziehungen. Diese führen im kindlichen Gehirn zur Ausbildung von neuronalen Vernetzungen, die wir als Empathiemuster bezeichnen können. Diese Muster aus der frühen Kindheit bilden die Basis für alle weiteren Entwicklungsschritte. Es sind vor allem vier Fähigkeiten, die sich dabei miteinander vernetzen müssen. Da ist zunächst die Aufmerksamkeit für die eigene emotionale Befindlichkeit. Hinzukommen muss die Fähigkeit, sich in andere Menschen einfühlen und zwischenmenschliche Beziehungen aufbauen zu können. Schließlich müssen die Kinder lernen, mit Dissonanzen und belastenden Gefühlen umzugehen (von Salisch 2002). Aufgrund unterschiedlichster Erfahrungen bildet sich im Verlauf der Jahre eine Persönlichkeit heraus, die nicht nur sich, sondern immer auch andere Menschen im Blick hat.

Gesellschaftliche Vorgaben zur Ausbildung von Empathiemustern

Konkret geht es darum, dass Eltern überhaupt einen Krippenplatz finden, und dann kommt es auf die Qualität der Krippe an. Hinsichtlich des Umgangs mit den Kindern gibt es in allen Bundesländern Orientierungs- und Bildungspläne. Sie bilden die Grundlage für die je eigene pädagogische Konzeption einer Einrichtung. Es mangelt nicht an Klarheit hinsichtlich der Lernfelder oder der Beschreibung wichtiger Lerninhalte. Unterstützt werden diese Rahmenpläne durch eine Vielzahl von Programmen, die von Verlagen für die Förderung kleiner Kinder angeboten werden. Leicht passiert es, dass die anzustrebenden Entwicklungsprozesse von solchen inhaltlichen Vorgaben so stark dominiert werden, dass die eigentliche Quelle für eine gelingende Entwicklung aus dem Blick gerät: Empathie. Damit ist nicht nur der individuelle Umgang zwischen Eltern und Kind, zwischen Erzieherin und Kind oder zwischen Lehrkräften und ihren Schülern gemeint, sondern es ist vor allem eine Atmosphäre gemeint, die eine empathische Entwicklung ermöglicht. Es muss, wenn Bildungsprozesse gelingen sollen, Verständigungsformen zwischen den Institutionen der Familie, des Kindergartens und der Schule geben, die von Empathie getragen sein müssen. Es handelt sich um gesellschaftlich erwünschte Empathiemuster. Kann eine Gesellschaft darüber keine Verständigung herbeiführen, sind die individuellen Entwicklungschancen eines Kindes stark eingeschränkt. Im Mittelpunkt stehen dann nicht Anerkennung und Würdigung eines Kindes, sondern es rücken Überlegungen in den Vordergrund, ob die von der Gesellschaft benannten Entwicklungsstandards erreicht werden oder nicht. Wenn Bildungspläne nicht als Orientierung dienen dürfen, sondern als Beschreibung zu erfüllender Leistungen angesehen werden, dann kann das bei Eltern, Erzieherinnen und Lehrkräften zu Druck und Stress führen. Als Grundlage für Entwicklungspotenziale gedacht, können die Pläne schnell eine gegenteilige Wirkung erzielen. Statt das Motivationssystem eines Kindes anzuregen, führen sie über den Druck, den eine Erzieherin erlebt, zur Auslösung des Stress-Systems bei einem Kind. Es kommt bei allen guten Absichten immer darauf an, dass die Interaktions- und Kommunikationsformen ihren empathischen Reiz nicht verlieren. Das gilt für Interaktionen zwischen den Kindern und auch zwischen Erzieherinnen und Kindern. Über diese alltäglichen Interaktionen, die sich in den jeweiligen Beziehungen realisieren, werden nämlich die neuronalen Vernetzungen angebahnt.

Erfolgreich verlaufen diese Prozesse nur, wenn sie in einer freundlichen und wertschätzenden Atmosphäre stattfinden. Ist der Umgang miteinander durch Hektik, Stress und unschöne Worte geprägt, dann können sich kaum Empathiemuster ausbilden. Diese notwendige, die Institutionen überspannende Empathiefähigkeit kann auch dadurch eingeschränkt oder verhindert werden, dass die Entwicklungsvorstellungen der Eltern und die Bildungskonzepte von Kindergarten und Schule zu stark voneinander abweichen.

Gesellschaftliche Vorgaben zur Ausbildung von Empathiemustern 63

Der Übergang vom Elternhaus in die Krippe

Der Übergang in die Krippe stellt für Kinder, Eltern und Erzieherinnen eine besondere Herausforderung dar. *»Wenn sich unser Kind in der Krippe wohlfühlt, dann geht es uns auch gut!«* Diesen Satz hört man oft in Gesprächen mit jungen Eltern. Eltern und Erzieherinnen müssen sich nun hinsichtlich ihrer Erziehungsvorstellungen aufeinander abstimmen. Wenn es ihnen gelingt, gegenseitiges Vertrauen herzustellen, dann ist das eine gute Voraussetzung für eine anzustrebende Erziehungspartnerschaft.

Die Eingewöhnungsphase braucht daher eine besondere Beachtung. Es geht einerseits darum, möglichst für jedes Kind optimale Voraussetzungen für eine gelingende Entwicklung zu schaffen, andererseits geht es um das Wohlgefühl und die Lebenszufriedenheit der Erwachsenen. Die Frage, ob für Kinder unter drei Jahren die Familie oder die Krippe der richtige Ort sei, darf nicht auf die Problematik reduziert werden, ob der Ausbau quantitativ möglich und auch finanzierbar sei. Es dürfen bei dieser Entscheidung auch nicht primär die Interessen der Eltern im Vordergrund stehen, sondern es muss gefragt werden, welche Qualifikationen Erzieherinnen aufweisen müssen, um den Kindern dieses Alters gerecht werden zu können. Allerdings kann die beste Qualität nur begrenzt wirken, wenn die Rahmenbedingungen nicht stimmen. Eltern werden die Krippe für ihr Kind dann akzeptieren, wenn dort gut ausgebildete Erzieherinnen in kleinen Gruppen arbeiten. Diese brauchen eine angemessene Zeit für die Vor- und Nachbereitung.

In verschiedenen Studien – vor allem in den USA – wurde der Lebenslauf vieler Tausend Kinder verfolgt und nach Auffälligkeiten von Krippenbesuchern gesucht. Danach kann man davon ausgehen, dass der Besuch der Krippen für die Kinder keine nachteiligen Effekte hat. Es geht hingegen aus den Untersuchungen hervor, dass Kinder aus schwierigen familiären Verhältnissen vom Besuch der Krippe profitieren. Inzwischen gibt es langjährige und ganz konkrete Erfahrungen, die einen Besuch der Krippe rechtfertigen. In Dänemark z. B. gibt es unter der Bevölkerung eine hohe Akzeptanz der Betreuung von unter Dreijährigen in der Krippe. Das hängt unter anderem mit der Qualität der dortigen Krippen zusammen. In der Regel kommen vier Kinder auf eine Erzieherin. In Deutschland sind es laut Auskunft des Bundesfamilienministeriums 6,1 Kinder, in den neuen Bundesländern sogar 8,5. Nach der Geburt bleiben in Dänemark die Frauen selten länger als ein Jahr ihrem Arbeitsplatz fern. Die Erwerbsquote von Müttern mit Kindern unter drei Jahren liegt bei über 70 Prozent.

Nach einer aktuellen Studie der Bertelsmann-Stiftung steigt die Nachfrage der Eltern nach einer Kinderbetreuung immer weiter.

> *»Von den Zweijährigen in Westdeutschland besuchten im vergangenen Jahr 30 Prozent eine Krippe, einen Kindergarten oder eine Tagesmutter. Bei den Dreijährigen im Westen erreichte die Quote bereits 80 Prozent. {...} Fast 60 Prozent der Einjährigen im Osten gehen derzeit in eine Kindertagesstätte«* (Barth 2010).

Die Kommunen sollen bis zum Jahr 2013 für 35 Prozent aller Kinder unter drei Jahren Betreuungsplätze schaffen. Die Nachfrage der Eltern liegt wahrscheinlich noch über diesen Zahlen. Vom August 2013 an haben Eltern einen Rechtsanspruch auf einen Platz in einer Kita oder bei einer Tagesmutter, sobald ihr Kind ein Jahr alt ist. Gelingende Entwicklungsprozesse von Kindern unter drei Jahren stellen eine pädagogische Herausforderung dar, die nur mit Qualität beantwortet werden darf. So sind erfolgreiche Entwicklungsprozesse in der Krippe von Rahmenbedingungen abhängig, die es den Erzieherinnen ermöglichen, auf jedes Kind einzugehen. Ein Besuch der Krippe ist also dann zu empfehlen und für das Wohlergehen eines Kindes hilfreich, wenn Erzieherinnen über eine entsprechende Qualifikation verfügen und wenn der Betreuungsschlüssel stimmt. Beide Argumente gelten auch für die Betreuung der Kinder durch Tagesmütter. Die freien Träger von Kindertageseinrichtungen in Niedersachsen empfehlen den folgenden Schlüssel: Bei Kindern im Alter von einem Jahr bis zu drei Jahren sollte des Verhältnis von Erzieherin und Kind 1:4 betragen, dabei wäre eine Gruppengröße von maximal 12 Kindern anzustreben; bei Kindern vom dritten bis zum sechsten Lebensjahr sollte der Schlüssel 1:8 betragen, die Gruppengröße sollte 16 Kinder nicht übersteigen. Bei Kindern unter einem Jahr wäre das Verhältnis 1:2 (Landesarbeitsgemeinschaft der Freien Wohlfahrtspflege in Niedersachsen 2009, S. 37). Die Betreuungspersonen müssen neben den vielen alltäglichen Anforderungen, die das Zusammenleben mit einer Kindergruppe an sie stellt, vor allem die Fähigkeit besitzen, den Kindern ein empathisches Vorbild zu sein (Initiative der Deutschen Liga für das Kind 2009, S. 37–39).

Die Eingewöhnungsphase gut gestalten

Während der Eingewöhnungsphase sollte es selbstverständlich sein, dass Mutter oder Vater so lange am Vormittag in der Krippe anwesend sind, bis ein Kind in einer Erzieherin seine Bezugsperson gefunden hat. Dabei wird sich in der Regel eine der Erzieherinnen anbieten. Ob sich allerdings ein empathisches Verhältnis entwickeln wird, das ist von vielen Faktoren abhängig. Kinder mit sicheren Bindungserfahrungen gewöhnen sich in der Regel schneller an die neue Situation als Kinder, deren bisherige Erfahrungen eher von Unsicherheiten geprägt waren. Wichtig für die Phase des Übergangs ist der bewusste und empathische Abschied der Mutter oder des Vaters. Eltern und Erzieherinnen dürfen den Kindern nicht vorgaukeln, die Mutter sei noch in der Nähe, wenn sie schon längst die Fahrt zu ihrem Arbeitsplatz angetreten hat. Der Abschied muss von der Seite der Eltern klar gestaltet werden. Es fällt einem Kind leichter, die Realität zu akzeptieren, wenn sie sich durch Wahrhaftigkeit und Verlässlichkeit auszeichnet. Die Eingewöhnungsphase wird von den Eltern begleitet, sie ist abschiedsbewusst zu gestalten, und eine empathische Orientierung an einer der Erzieherinnen sollte eine weitere Voraussetzung sein.

Eltern müssen loslassen können

Der Übergang in die Krippe stellt für Kinder, Eltern und Erzieherinnen eine besondere Herausforderung dar. Eltern müssen nun loslassen und gleichzeitig noch mehr Sicherheit geben. Sie erleben, dass ihr Kind Entwicklungsschritte ohne sie macht und dass sie nicht mehr der alleinige Mittelpunkt im Leben ihres Kindes sind.

Die Beziehung ändert sich von einer körperlichen Nähe hin zu einer gedanklichen Nähe. Die Krippe – erste Institution außerhalb des Elternhauses – sollte ein Ort der Geborgenheit und des Lernvergnügens sein. Im Erleben des Kindes kann man sich den Besuch einer Krippe so vorstellen:

Papa und Mama lassen mich zurück,
verabschieden sich
und gehen weg.
Sie kommen aber wieder,
holen mich ab
und dann gehen wir nach Hause.

In der Krippe braucht ein Kind eine Erzieherin als verlässliche Bezugsperson. Ist diese Voraussetzung erfüllt, dann verfolgt ein Kind mit Interesse alles, was sich in seiner Umgebung ereignet. Nach und nach entwickeln sich wichtige Beziehungen zu anderen Kindern. Natürlich kommt es – vor allem in der Anfangszeit – einmal vor, dass einem Kind wehmütig zumute wird.

In einer sehr schönen Frühstückssituation hört man plötzlich das Weinen eines Kindes. Das merken die anderen Kinder. Ein etwa zweijähriges Kind steht auf, geht zu dem weinenden Kind, legt seinen Arm um dessen Schulter und sagt: »*Mama kommt wieder.*«

Hier wird Empathiefähigkeit erlebbar. Manchmal sitzen Kinder auch einfach nebeneinander. Sie geben sich auf diese Weise emotionale Sicherheit. Die Erzieherinnen sind für das Erleben von Empathie sehr wichtig, die Kinder sind es auch. Das machen wir uns oft nicht klar. Krippenkinder sind zwar weg von den Eltern, sie sind aber bei neuen Bezugspersonen, und dazu gehören auch die anderen Kinder.

Nachdem ein Kind erste sichere Bindungen zu einer neuen Bezugsperson entwickelt hat, kann sein Selbstbildungsprogramm zur vollen Entfaltung kommen. Das Kind verfolgt mit Interesse alles, was sich in seiner Umgebung ereignet. Dabei versucht es, nicht nur auf die Anregungen der Erzieherinnen einzugehen, sondern auch die Verhaltensweisen von anderen Kindern nachzuahmen. Das Wiederholen von Tätigkeiten gehört zu erfolgreichen Aneignungsprozessen. Schließlich versucht ein Kind, seinen eigenen Weg zu finden.

Eltern müssen loslassen können

Eine Beziehung muss wachsen

Die Fotos zeigen die Bezugserzieherin mit einem Kind, das gerade den sechsten Tag in der Krippe verbringt. Es wurde von der Mutter gebracht, sie blieb noch 20 Minuten in der Gruppe, dann übernahm die Erzieherin das einjährige Mädchen. Beide konzentrieren sich auf ein Spielzeug, schauen sich Bilder an. Gleichzeitig kommt ein weiteres Kind hinzu, das schon länger die Krippe besucht. Nun lernt das Eingewöhnungskind, dass es neben ihm noch ein Kind gibt, das die Nähe der Erzieherin sucht, braucht und auch bekommt.

Eine Beziehung muss wachsen 69

Die Krippe – eine unerschöpfliche Lebensquelle

Eine Beziehung muss wachsen 71

Gegenseitige Anregungen

Gleichzeitig sind weitere Kinder im Raum, die von der zweiten Erzieherin beobachtet und betreut werden. Sie wenden sich den Spielsachen zu, achten aber auch darauf, was andere Kinder machen, lassen sich anregen, suchen erste Kontakte, spielen allein oder nebeneinander.

Im Einzelspiel kann man Kinder beobachten, die sich über Zeiträume von 30 bis 40 Minuten allein mit einem Spielzeug beschäftigen. Etwas Besseres können sie für ihre Konzentrationsfähigkeit nicht tun. Denn nun produziert ihr Gehirn den Botenstoff Noradrenalin, der über das gesamte Gehirn ausgeschüttet wird. Die Fähigkeit zur Konzentration erwerben Kinder, indem sie ihre Aufmerksamkeit auf Gegenstände oder Ereignisse richten, die für sie bedeutsam sind. Die Fähigkeit zu einer gezielten

Aufmerksamkeit ist gekoppelt an die Bedeutsamkeit, die ein Gegenstand, ein Ereignis oder eine Person für ein Kind hat. Wenn sich Kinder im Verlauf ihrer Entwicklung nicht mehr intensiv mit einer Sache beschäftigen, dann können die Ursachen darin liegen, dass sich in der frühen Kindheit die neuronalen Bahnungen für Konzentrationsfähigkeit aus Mangel an Spielgelegenheiten nicht genügend ausbilden konnten. Kinder brauchen altersgemäße Spielsachen und vor allem Zeit, damit sie sich in aller Ruhe mit ihren Spielen beschäftigen können. Konzentration entwickelt sich nur dann, wenn sich die Kinder aus eigenem Interesse heraus konzentrieren wollen. Dann wird der Botenstoff Noradrenalin ausgeschüttet, der als Neurotransmitter für die Fähigkeit gilt, sich lang anhaltend zu konzentrieren.

Die Krippe – eine unerschöpfliche Lebensquelle

Gegenseitige Anregungen 75

76 Die Krippe – eine unerschöpfliche Lebensquelle

Interaktionen

Im Verlauf eines Vormittages gibt es unterschiedliche Anlässe, sich gegenseitig wahrzunehmen, Kontakte anzubahnen und das Zusammenleben auszuprobieren. So ergeben sich beim gemeinsamen Frühstück vielerlei Beobachtungen. Kinder machen mit Mimik und Gestik aufeinander aufmerksam. Sie testen dabei die Reaktion anderer Kinder.

Ein vorsichtiger Griff zum Teller der Tischnachbarin. »Lass das!«, könnte das folgende Foto ausdrücken. Vielleicht hatte sich der kleine Junge zu weit vorgewagt. Das Gesicht verstecken und sich dann gleich wieder offen zeigen, wäre eine Möglichkeit. Und dann ist plötzlich die Faust des kleinen Mädchens vor der Nase. Erstaunen, Erschrecken zeigen sich im Gesicht des Jungen. Ablenkung. »Guck mal, ich kann die Hände hinter dem Kopf verschränken.« »Kann ich auch.« Und dann blitzschnell der Griff zum Teller der Tischnachbarin. Sie setzt sich zur Wehr. Nun ist wieder Verstecken angesagt, und dann sind beide wieder voll da. Warum nun der tätliche Übergriff? Spielerei oder mehr? Plötzlich erfolgt ein Griff an die Nase. Die Reaktion erfolgt sogleich. Der Ellenbogen kollidiert bei der Aktion mit dem Tisch. Die Frühstückszeit geht zu Ende. Es gibt noch ein Getränk, und nun scheint es, als sei die Welt wieder in Ordnung.

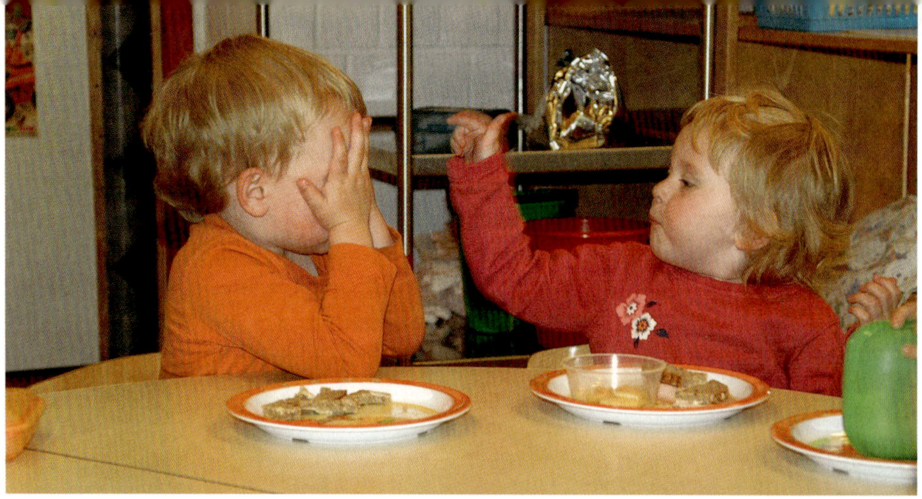

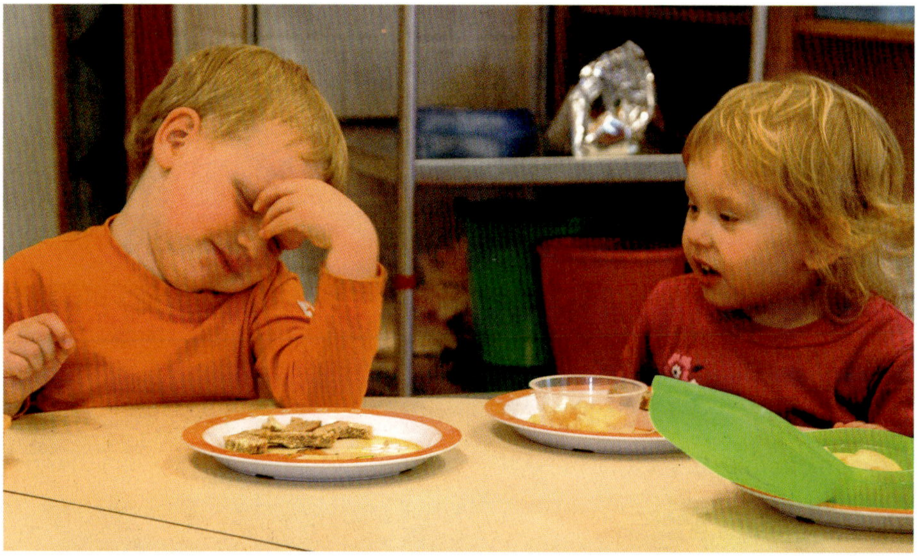

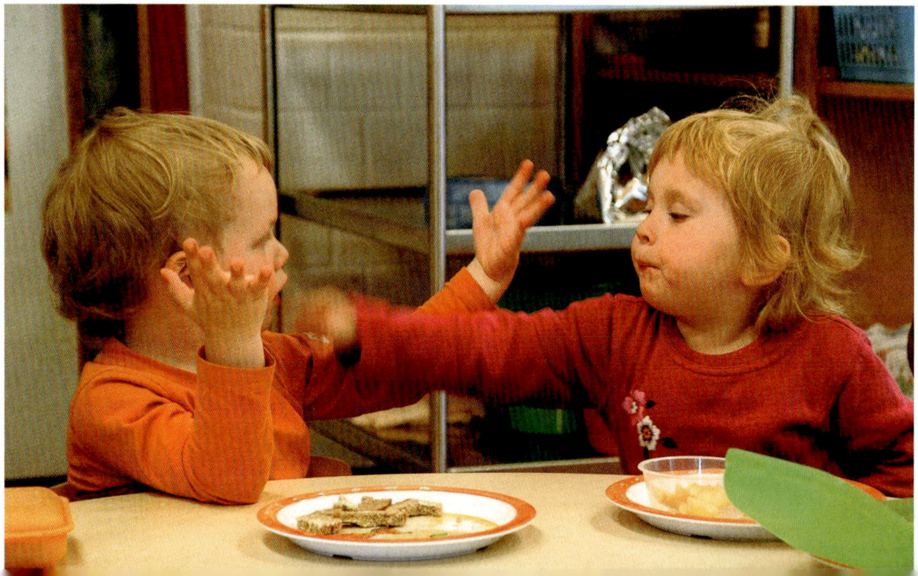

Interaktionen 79

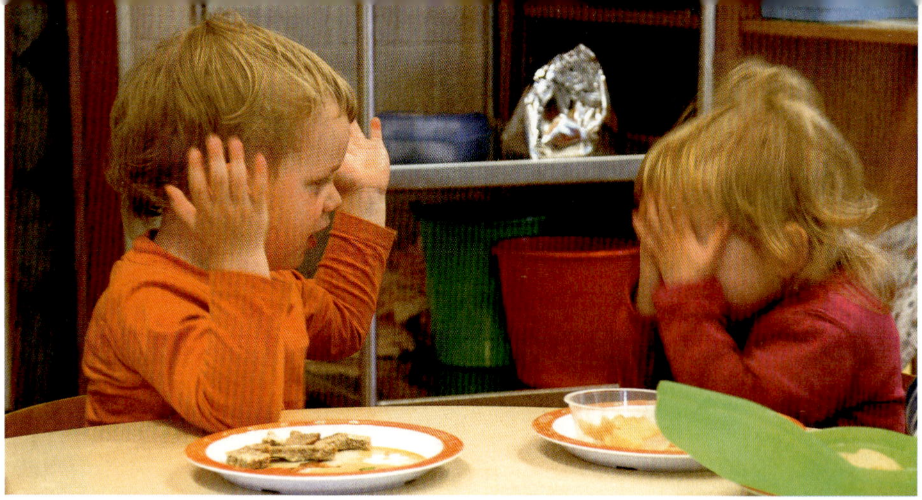

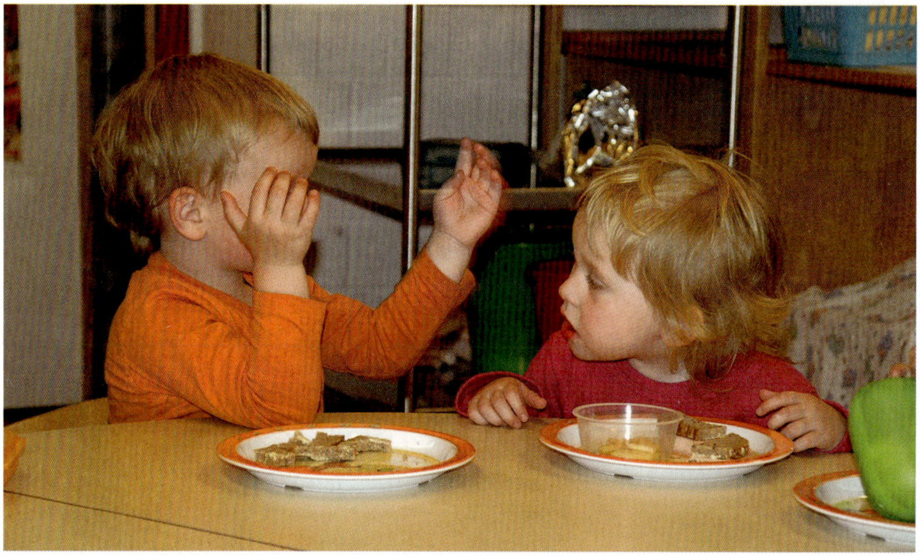

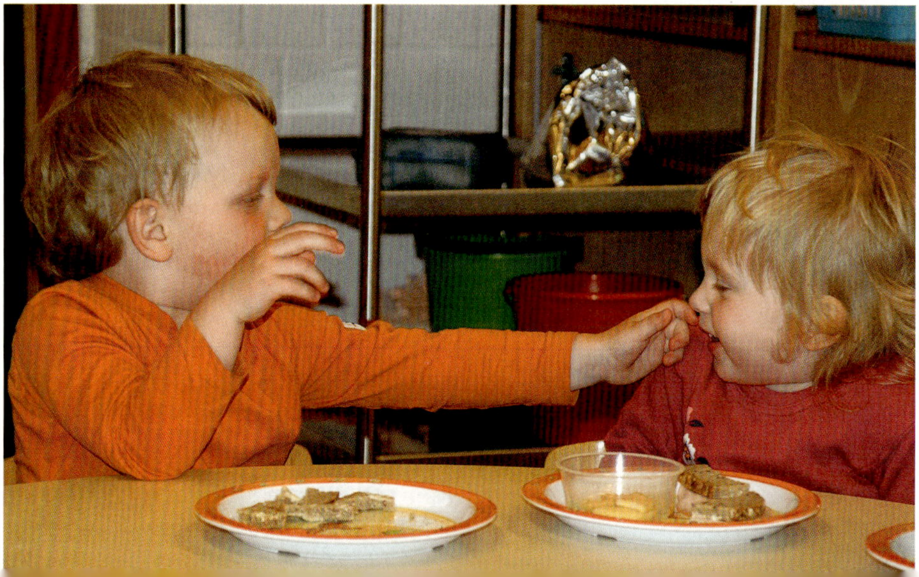

Interaktionen 81

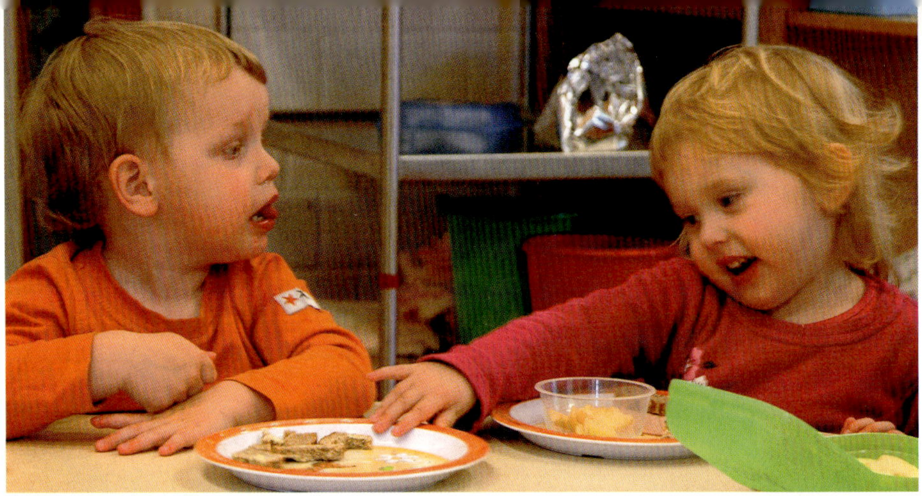

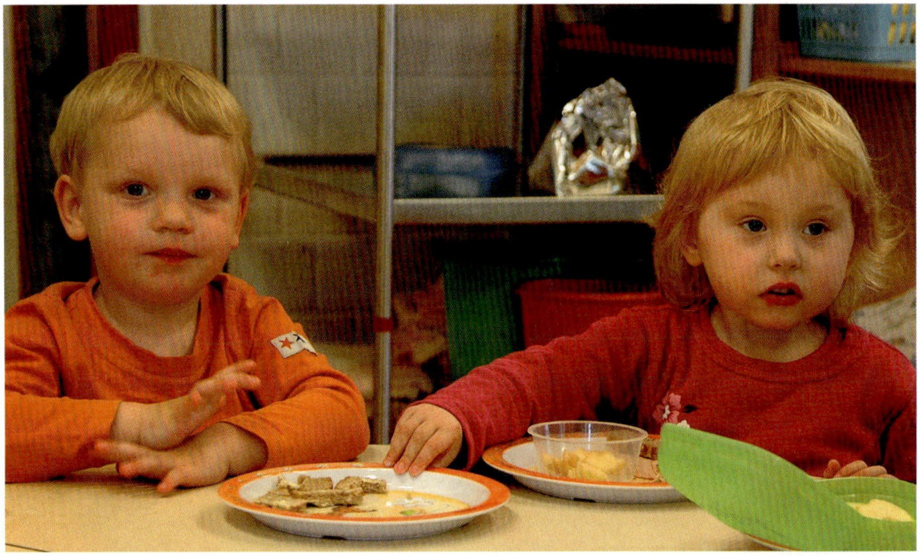

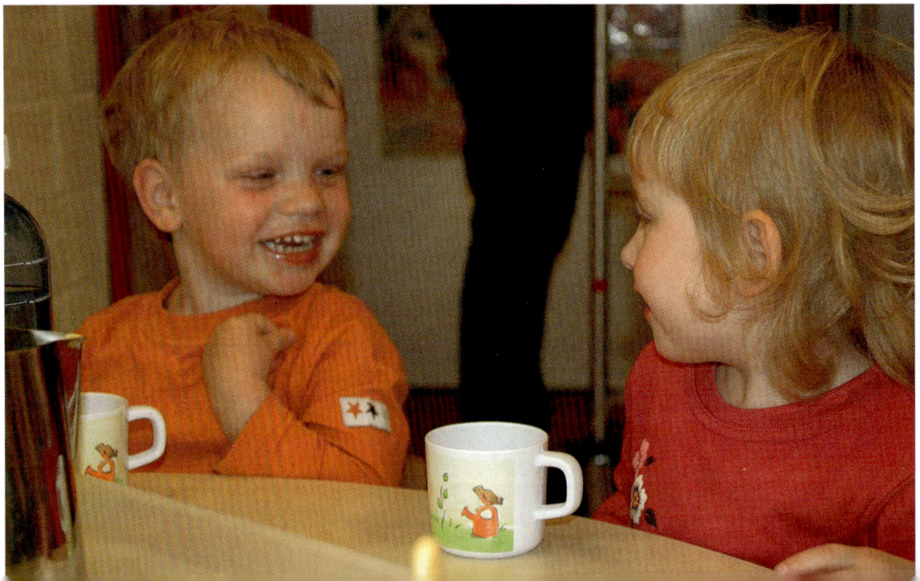

Vielleicht darf man den Vorgang als den Versuch verstehen, Grenzen auszutesten. In dem spielerischen Agieren zeigt sich ein Wagnis, es enthält sicherlich auch Anteile aggressiven Verhaltens. Schließlich mündet die Aktion in einem freundlichen Beisammensein. Wir dürfen annehmen, dass bei dem Geschehen die verschiedensten Neurotransmitter aktiviert wurden. Ein Wohlgefühl zeigt sich am Schluss dieser Sequenz, es ist Beruhigung eingetreten – sodass wir annehmen können, dass damit auch ein Beitrag für den Ausbau des Beruhigungssystems geleistet wurde.

Freundliche Kontaktaufnahme

Diese beiden Kinder haben offensichtlich Interesse aneinander. Ihre Mimik lässt diese Deutung zu. Sie versuchen in den Augen des jeweils anderen zu lesen. Ein Kind spiegelt sich in den Augen des anderen. Ihre freudige Erregtheit führt, das können wir annehmen, zur Aktivierung vieler Spiegelneuronen und zu deren Vernetzung. Erwartung, Freude, Wohlgefühl, Empathie werden auf diese Weise als neuronales Muster eingespurt.

Überwindung von Unsicherheit

Neue Situationen führen bei manchen Kindern dazu, dass sie plötzlich eine Verunsicherung spüren. Solche Situationen können dann für den Aufbau des kindlichen Gehirns sehr wertvoll sein, wenn es der Erzieherin gelingt, das Kind zu beruhigen. Auf diese Weise macht ein Kind auf der konkreten Ebene die Erfahrung, dass die Erzieherin durch ihren Trost eine Verunsicherung, die manchmal auch das Stress-System auslösen kann, wieder zu einer Beruhigung führen kann. Solche Situationen konnten wir bei unseren Besuchen in der Krippe beobachten.

Als wir den Gruppenraum betraten, die Kinder begrüßten und von den anwesenden Erzieherinnen vorgestellt wurden, versteckte sich ein Junge hinter einem Regal, richtete seinen ängstlichen Blick auf uns und suchte dann seine Erzieherin. Sie war sehr aufmerksam, ging auf den Jungen zu, der rannte direkt in ihre Arme und suchte dort Schutz. Es dauerte nur wenige Minuten, bis er wieder zur inneren Ruhe gefunden hatte. Wir hatten uns inzwischen den anderen Kindern zugewandt. Während ich meine Beobachtungen notierte, hatten sich einige Kinder um Jürgen, den Fotografen, geschart und ihn gebeten, mit ihnen ein Buch anzuschauen. Es dauerte nicht lange, da nahm der Junge Kontakt zu dieser Gruppe und auch zu dem Fotografen auf, setzte sich dazu und genoss sichtlich die Situation. Etwas später im Verlauf des Vormittags kam er zu mir, brachte ein Buch mit und signalisierte, dass er gemeinsam mit mir die Bilder anschauen wollte. Man kann von den äußeren Abläufen auf die inneren

Überwindung von Unsicherheit

Vorgänge schließen. Es hat eine Stressverarbeitung stattgefunden. Der Junge hat mit seiner Erzieherin im Hintergrund mutig neue Schritte gewagt. Er hat damit sein inneres Problem der Beunruhigung in das Erlebnis von Ruhe und Geborgenheit umgewandelt. Wir dürfen annehmen, dass an diesem Vorgang viele neuronale Netze beteiligt waren.

Viele Beziehungswünsche

Bei unseren Besuchen in Krippen und Kindergärten konnten wir immer wieder das große Bedürfnis der meisten Kinder nach einem Kontakt spüren. Sie fanden uns als Besucher interessant, wünschten sich, dass wir etwas mit ihnen machten und signalisierten dies über sogenannte Zeigegesten:

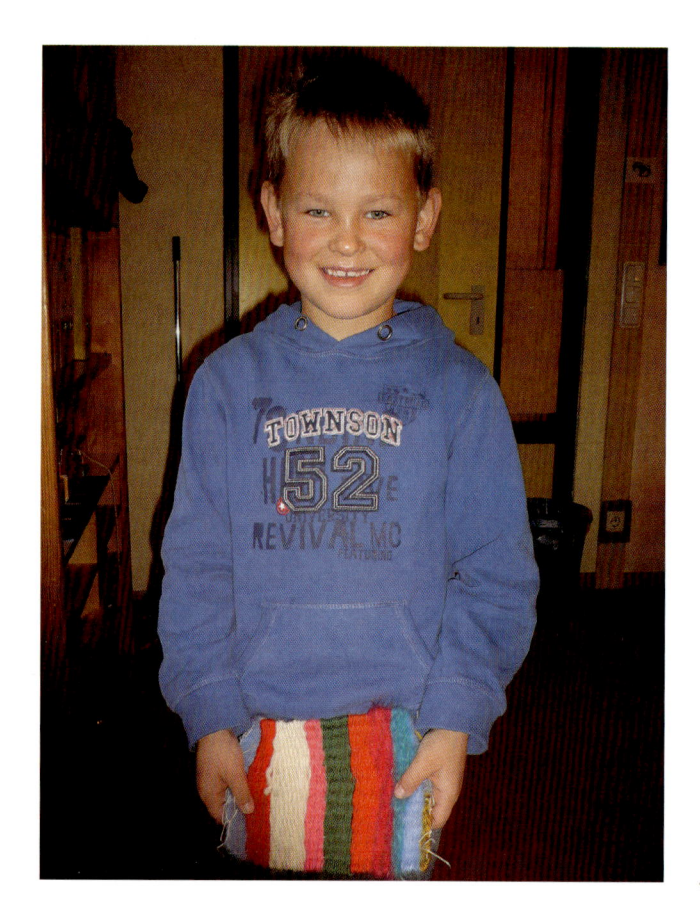

»Guck mal, das hab ich gewebt.«

»Guck mal, meine Laterne.«

Es sind Versuche, auf sich aufmerksam zu machen. Jedes Kind möchte wahrgenommen werden. Sofern es im Verlauf seiner Entwicklung ein sicheres Selbstwertgefühl entwickeln konnte, spricht es nun auch Besucher an, um einen Kontakt herzustellen. Bei einem meiner Besuche kam im Verlauf von drei Stunden jedes Kind einmal kurz bei mir vorbei und suchte auf sich aufmerksam zu machen. Ich bin darauf dann auch immer eingegangen. Die Kinder waren von ihren Erzieherinnen selbstverständlich vorher darüber informiert worden, dass wir sie besuchen und dass sie uns gut kennen würden. Auch die Absicht unseres Besuches war den Kindern mitgeteilt worden. Wenn sich nun die Kinder an uns wenden, dann tun sie es auch aufgrund des Vertrauens, das sie zu ihren Erzieherinnen haben. Sie haben sich vorher versichert, ob sie uns vertrauen können.

Diese Erfahrungen verweisen darauf, dass Kinder ein Beziehungsbedürfnis haben.

Spuren hinterlassen

Kinder brauchen Anregungen unterschiedlichster Art. Die Raumgestaltung selbst kann anregend sein. Wenn dann noch Materialien wie Farben, Pappe, Kleister, Pinsel und Staffeleien zur Verfügung gestellt werden, dann gibt es kein Halten mehr. Man muss dann eher dafür sorgen, dass jedes Kind in Ruhe seine Erfahrungen mit den Materialien machen kann. Entscheidend sind auch hier neben der Anregung die Zuwendung durch eine Erzieherin und ihr Interesse an dem, was vor ihren Augen geschieht. Nun sind Augenblicke der Freude, des Staunens und vielleicht sogar des Glücks zu erleben. Entscheidend ist das Einfühlungsvermögen der Erzieherin. Außerdem kommt es auf ihre Resonanz an den richtigen Stellen an. Wenn dann Projekte der unterschiedlichsten Art auch noch ausgestellt werden, dann erfahren die Kinder eine zusätzliche Wertschätzung, und ihre Eltern können sich an den Ergebnissen freuen.

Schon zweijährige Kinder können in einer Gruppe über einen längeren Zeitraum mit Farben experimentieren. Sie brauchen eine zugewandte Erzieherin, die nicht nur das Material bereitstellt, sondern auch darauf achtet, wie das einzelne Kind mit den Materialien umgeht. Aber noch wichtiger ist es, in den Gesichtern der Kinder, in ihren Augen zu lesen, ihr Staunen und ihre Freude zu erleben und auch zu genießen. So kommt es mir nicht darauf an, schöne Experimente zu beschreiben und die Ergebnisse vorzuführen, sondern ich möchte aufmerksam machen auf die unwiederbringlichen Augenblicke des Staunens, der Freude und des Glücks, das Kinder in solchen Situationen durch ihr Tun erleben. Wenn es den Erzieherinnen dann noch gelingt,

Anteil zu nehmen an dieser Freude, dann machen sie sich selbst damit ein großes Geschenk. In solchen Situationen muss man in der Lage sein, Bildungspläne, die oft nur Ergebnisse als Ziel haben, zu vergessen. Man muss erahnen, was sich jetzt wohl im Gehirn eines Kindes abspielt, welche grundlegenden Bahnungsprozesse gespurt werden. Hier werden Erfahrungen von Selbstwirksamkeit gemacht. Und die Freude darüber leuchtet aus den Augen der Kinder. Ihre Synapsen gönnen sich gerade einen Cocktail nach dem anderen.

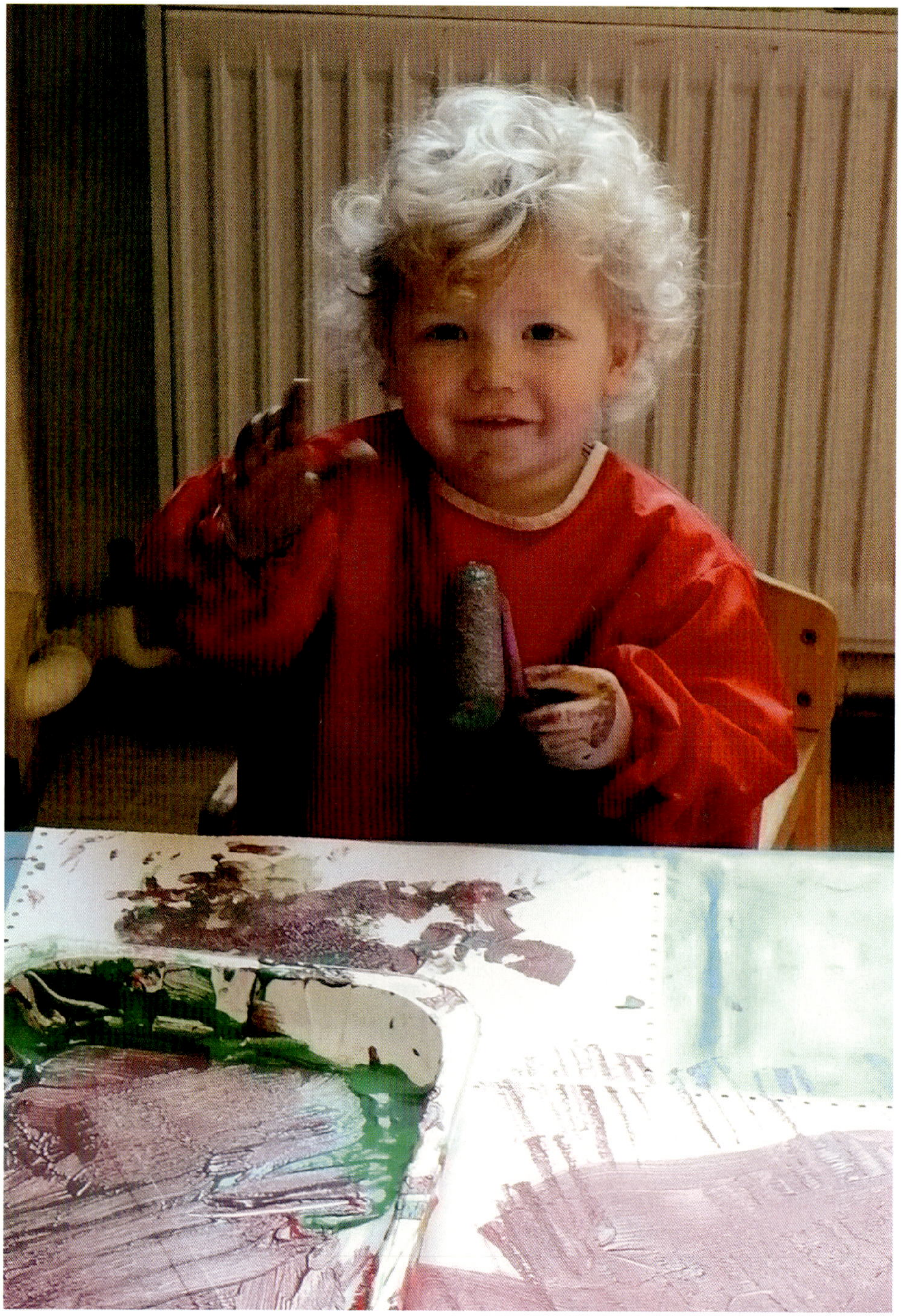

6. Der Kindergarten – ein Ort der Lebensfreude

In Kindertagesstätten sind oft Krippen mit den Kindergärten eng verbunden. Manche Kinder besuchen am Ende der Krippenzeit den Kindergarten einer anderen Einrichtung. Dann muss man dieser Übergangsphase eine besondere Aufmerksamkeit widmen.

In den Kindergärten sind es die unterschiedlichsten Projekte, in denen vielfältige Aktivitäten ausgeübt werden können, die gleichzeitig die verschiedenen Bereiche des Gehirns tangieren. Für viele Kinder stellt der Besuch des Kindergartens eine Bereicherung ihres Lebens dar. Dabei kommt es auf die Qualifikation der Erzieherinnen ebenso an wie auf die personalen und räumlichen Bedingungen. Wichtig ist in diesem Zusammenhang auch, dass die Erlebnisqualität nicht durch den Einsatz von Förderprogrammen der unterschiedlichsten Art gestört oder gar verdrängt wird. Hier lauert eine große Gefahr.

> »Kinder sollten mehr spielen, als viele es heutzutage tun. Denn wenn man genügend spielt, solange man klein ist – dann trägt man Schätze mit sich herum, aus denen man später ein Leben lang schöpfen kann. Dann weiß man, was es heißt, in sich eine warme Welt zu haben, die einem Kraft gibt, wenn das Leben schwer wird« (Lindgren 2002).

Im Grunde beschreibt Astrid Lindgren diesen roten Faden. Wer in seiner Kindheit und Jugend genügend Erfahrungen von Urheberschaft gemacht hat, der trägt den Schatz einer ständigen Motivation durch sein Leben.

Zum Glück gibt es noch eine große Zahl von Kindern, die gern und ausgiebig spielen. Sie rennen, klettern, schmieren, malen, hämmern. Sie bauen, wollen mit Feuer und Wasser spielen, zählen, messen, schreiben und lesen. Spielen und Lernen sind in der Anfangsphase der kindlichen Entwicklung untrennbar miteinander verbunden. Viele Kindergärten und Schulen haben das erkannt und entsprechende Konzepte entwickelt.

Für die Arbeit einer Erzieherin heißt das: Spiele der Kinder entdecken und mitspielen, Spielideen von Kindern aufgreifen und andere Kinder anregen, eigene Spielideen zu entwickeln. Erzieherinnen sollten Eltern motivieren, selbst wieder einmal zu spielen, und sie am Spiel ihrer Kinder teilhaben lassen.

Die folgenden Fotoserien orientieren sich bewusst nicht am systematischen Aufbau von Bildungsplänen, sondern stellen die Aktivitäten in den Vordergrund, die in besonderer Weise die Ausdifferenzierung der neuronalen Systeme ermöglichen. Entscheidend sind passende Anregungen durch die Erzieherinnen und deren Empathiefähigkeit. Sie müssen die Freude, die Kinder bei ihren Aktivitäten erleben, miterleben können.

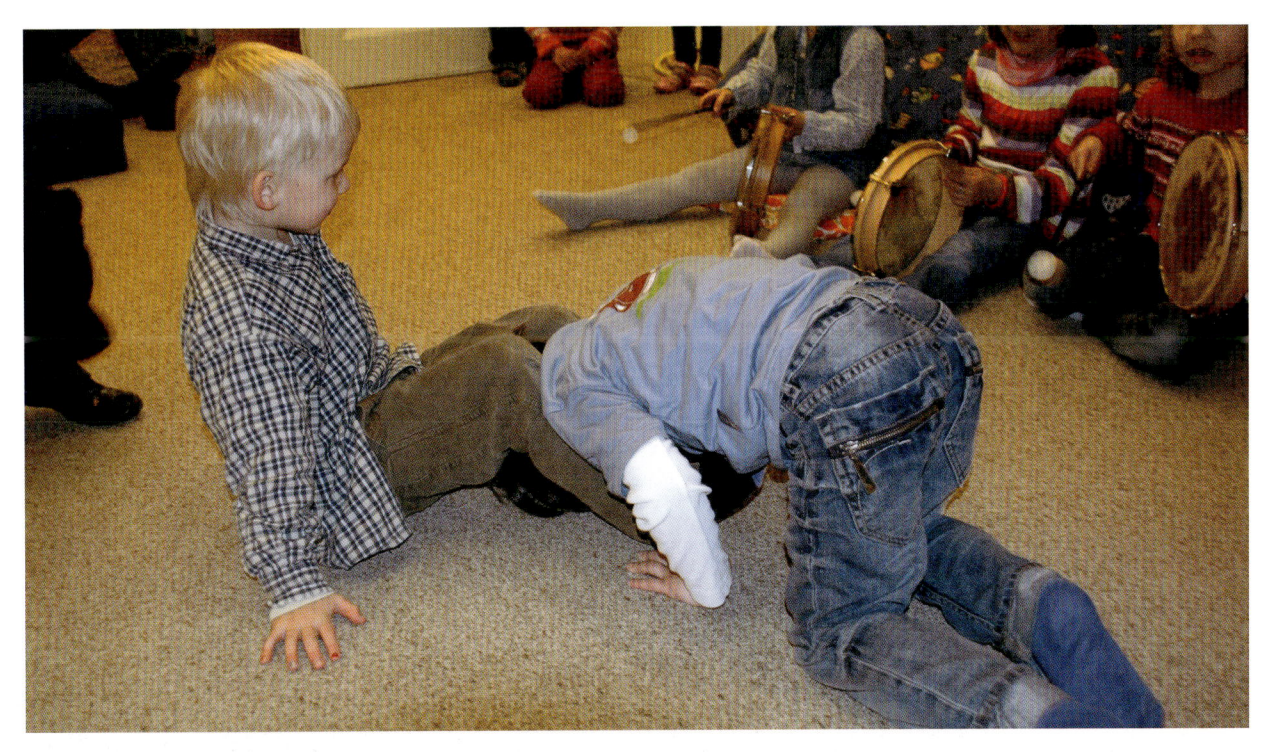

Ein Ort der Lebensfreude

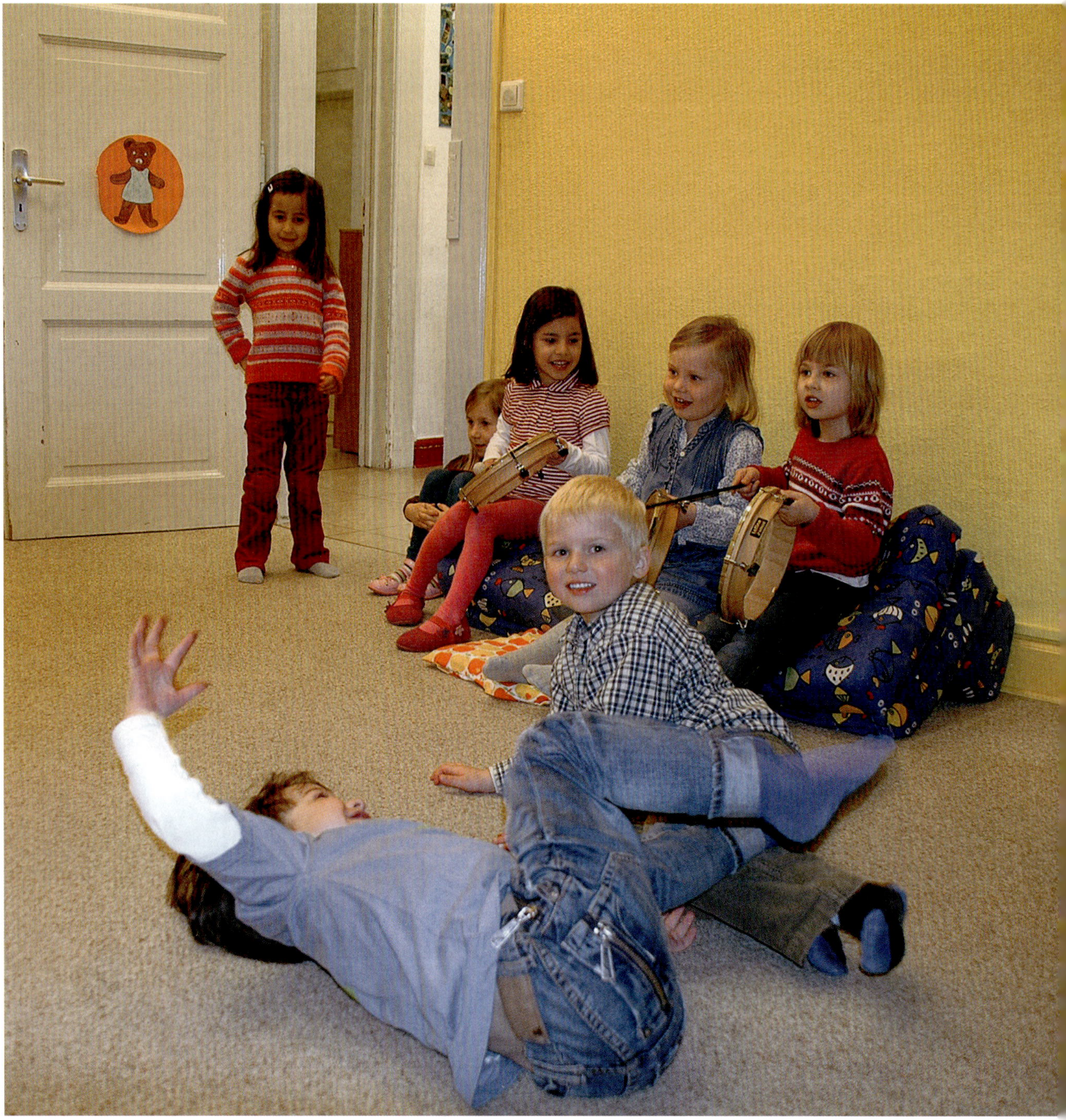

Das gelingt besonders dann, wenn man weiß, dass die Erfahrung von Freude zur Ausschüttung von Glückshormonen führt, die wiederum im Zusammenhang mit Dopamin das Motivationssystem im kindlichen Gehirn anregen und stabilisieren. Außerdem wird jede Menge Noradrenalin ausgeschüttet, was dafür sorgt, dass die Kinder ihre Fähigkeit zur Aufmerksamkeit gut ausbilden können. Das geschieht in den unterschiedlichsten Situationen. Aufmerksamkeit brauchen Kinder, wenn sie sich auf mutige Weise an den Spielgeräten bewegen.

Kinder brauchen Zeit und Ruhe für ihr Spiel. Zweijährige Kinder kann man zum Beispiel dabei beobachten, wie sie sich über einen Zeitraum von 30 bis 40 Minuten intensiv mit einer Eisenbahn, einem Puzzle, dem Bau eines Turmes oder einem Kaufmannsladen beschäftigen. Kinder brauchen vor allem Erwachsene, die sich in ihre Spielideen einfühlen können. In diesem Fall richten Erwachsene und Kind ihre Aufmerksamkeit auf einen Gegenstand oder eine Spielabsicht. Man spricht von

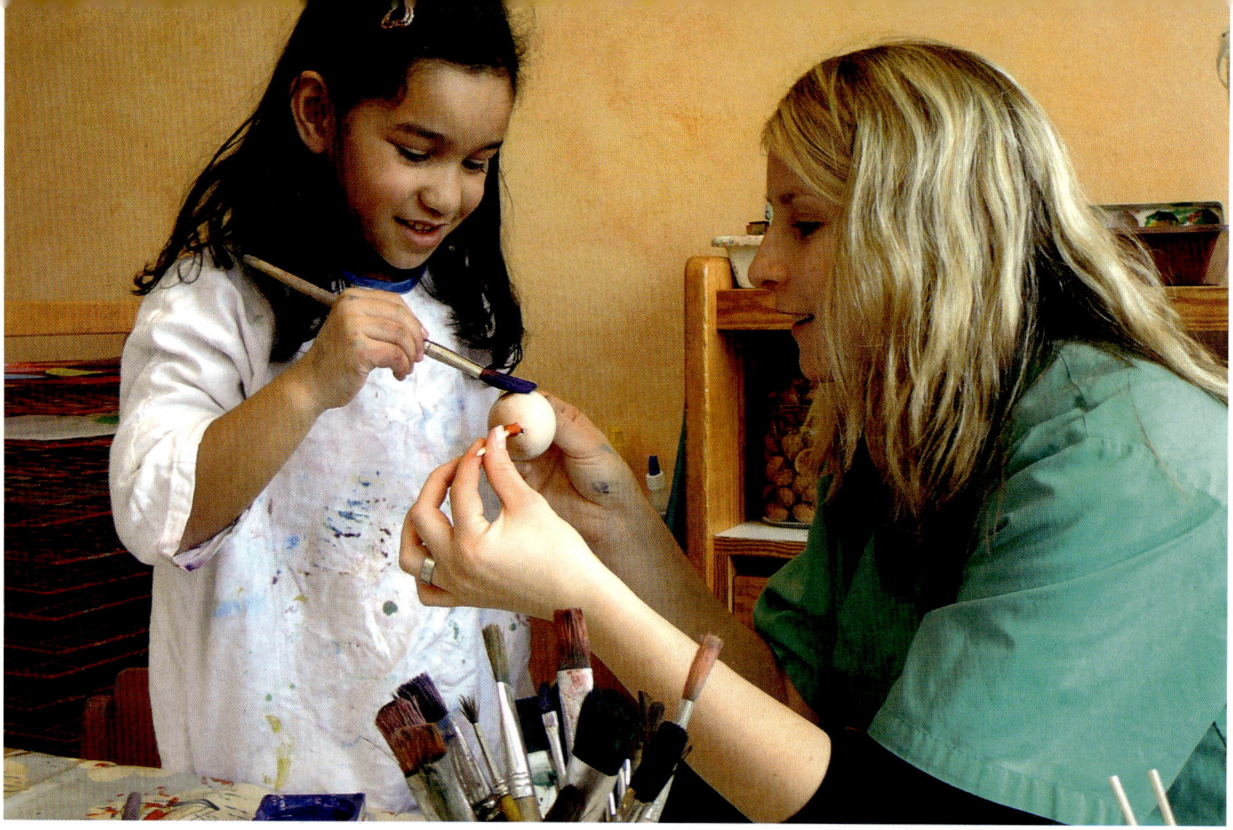

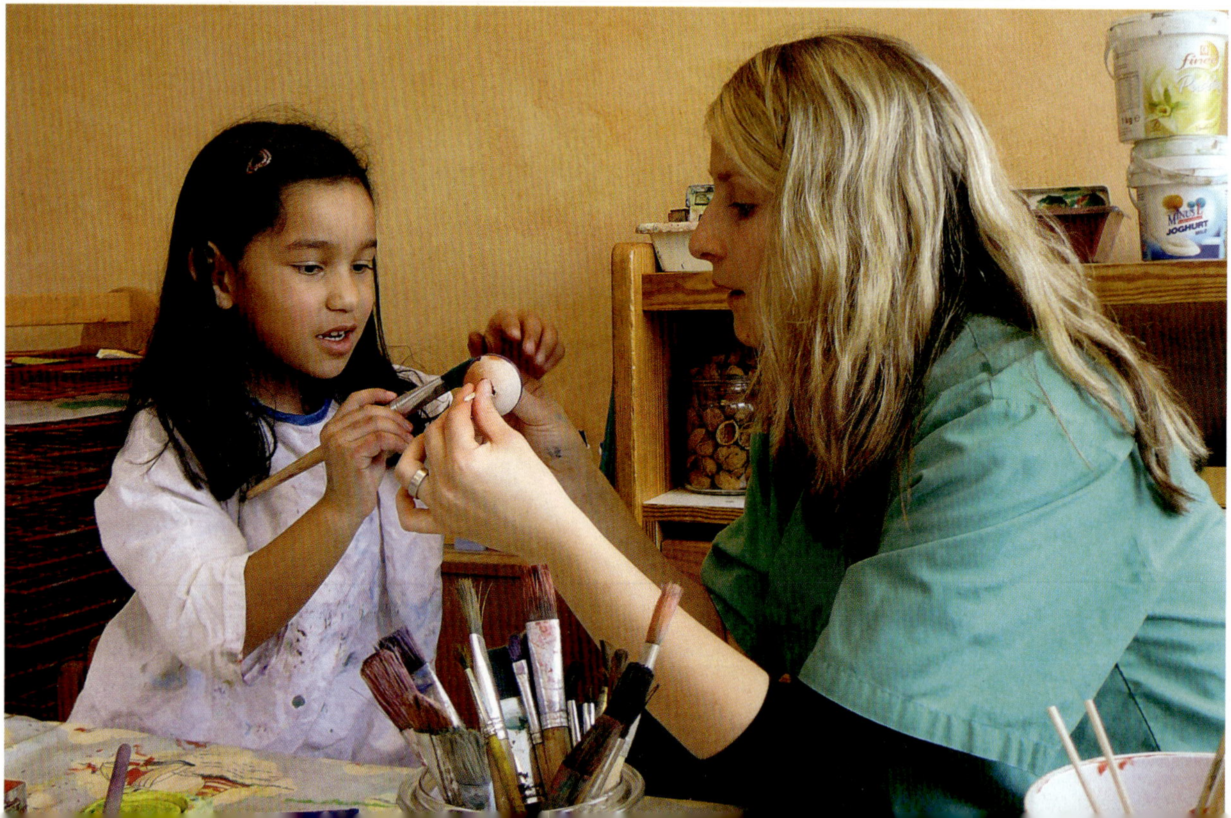
JOGHURT

geteilter Aufmerksamkeit. Die Kinder erleben, dass ihr Spiel auch in den Augen der Erwachsenen eine Bedeutung hat. Sie fühlen sich durch deren Spiel-Einfühlfähigkeit in ihrem Tun wertgeschätzt. Hier liegt eine Quelle für die Ausbildung von Empathiemustern. Das beginnt in der frühen Kindheit und setzt sich in der Krippe, im Kindergarten und in der Schule fort. Die für Erziehung und Bildung wichtigen Personen sollten wissen, dass ihre Empathiefähigkeit die wichtigste Voraussetzung für eine gelingende Entwicklung ist.

Mancher Betrachter mag beim Anblick dieser Bilder denken, da gehe es doch nur um das Anmalen von Eiern für den Osterstrauß. Das könnte sein – wäre aber zu kurz gedacht. Ein Kind erlebt bei dieser Aktion die Zuwendung der Erzieherin. Gemeinsam richten sie ihre Aufmerksamkeit auf etwas Drittes. Ein Kind kann sich in diesem Prozess als gleichermaßen wichtig erleben wie seine Erzieherin, und diese kann sich ebenfalls über das gemeinsam gestaltete Objekt freuen. In solchen Situationen macht ein Kind die unmittelbare emotionale Erfahrung, dass sein Tun wichtig ist. Man kann das Erstaunen und die Freude im Gesicht des Kindes ebenso ablesen wie im Gesicht der Erzieherin. Im gemeinsamen Tun erleben sie Empathie. Gleichzeitig tragen sie dazu bei, dass Dopamin und Glückshormone zirkulieren, und somit bauen sie, ohne dass ihnen das bewusst sein muss, ihr Motivations- und Belohnungssystem aus.

Kinder müssen die Erfahrung machen, dass sie es sind, die etwas bewirken. Die Freude über den Erfolg und die Bestätigung durch eine erwachsene Person runden das Spielerlebnis ab. Wird der kindlichen Entdeckerfreude – und das Spiel eröffnet permanent neue Entdeckungen – eine hohe Bedeutung beigemessen, dann wird die erlebte Begeisterung im Gehirn verankert. Kindliche Neugier und die damit verbundenen Glückserlebnisse führen zur Aktivierung des Motivationssystems. Die Freude, die ein Kind dabei erlebt, stärkt seine Aufmerksamkeit und sein Selbstwertgefühl. Hier werden die grundlegenden Bahnungsprozesse angelegt, die mit darüber entscheiden, ob sich Kinder gerne neuen Aufgaben zuwenden und konzentriert lernen können. In diesen eigenständigen Aktivitäten liegen die Grundlagen für verantwortliches Handeln. Und Aufmerksamkeit brauchen sie beim Zuhören.

Gelingt es den Erzieherinnen, die Kinder durch ihre Anregungen zu fesseln, und sind die Kinder bereit, sich fesseln zu lassen, dann produziert ihr Gehirn den Botenstoff Noradrenalin. Damit wird die Voraussetzung für die aktuelle Konzentrationsfähigkeit geschaffen, und gleichzeitig findet eine Myelinisierung (Verstärkung der Vernetzungen) statt, über die diese neuronalen Informationen laufen. Auf diese Weise wird das Aufmerksamkeitssystem aufgebaut.

> »Kindertagesstätten sollten sich in Werkstätten des Entdeckens und Gestaltens verwandeln« (Dieken 2004).

Was Kinder über das Klugwerden denken

Im Rahmen einer Untersuchung habe ich Erzieherinnen gebeten, fünfjährige Kinder einmal zu fragen, wie sie über das Klugsein und das Klugwerden denken. Die Einleitungsfrage lautet: »*Manchmal sagen die Leute, ein Kind sei klug, was meinen die wohl damit?*« Die spontanen Antworten von Kindergartenkindern klingen so:

> »*Klug ist ein Kind, das den Tisch abputzt, aufräumt, fleißig, lieb und tapfer ist.*«
> »*Klug ist man auch, wenn man anderen hilft.*« »*Ein Kind, das ganz viel weiß und gute Sachen macht, ist klug.*« »*Wenn man sich immer wäscht und auch seine Brille aufsetzt, ist man klug.*« »*Wenn man spielt und Sachen baut, ist man auch klug*« (Gebauer 2007).

In der Zusammenschau wird deutlich, dass Kinder im Alter von fünf Jahren eine pragmatische Vorstellung vom Klugsein haben. Da geht es um praktische Tätigkeiten wie Aufräumen und Putzen. Es gibt bereits eine Vorstellung davon, dass Klugsein etwas mit Wissen zu tun hat. Ganz deutlich wird in den Ausführungen, dass Spielen und Bauen wichtige Aktivitäten sind. In den Begriffen »lieb« und »tapfer« werden emotional-soziale Aspekte von Klugheit sichtbar. Mit dem Hinweis, dass man auch anderen helfen müsse, kommt empathisches Verhalten in den Blick. Die Gesamtheit aller Aussagen macht deutlich, dass bereits bei fünfjährigen Kindergartenkindern eine umfassende Vorstellung einer gelingenden Entwicklung vorhanden ist und dass zum Klugwerden konkrete Aktivitäten wie Spielen und Bauen wichtig sind. Jede der Äußerungen verweist auf die zentrale Quelle des Klugwerdens, nämlich auf das eigenständige Tun.

Quellen der Persönlichkeitsentwicklung

Es kommt darauf an, den Kindern Geborgenheit und damit emotionale Sicherheit zu geben. Über vielfältige Anregungen erhalten sie die Chance, grundlegende Erfahrungen ihrer Selbstwirksamkeit zu machen. Zunächst verbindet sich diese Erfahrung mit allen Aktivitäten, die beim kindlichen Spiel vorkommen. Ich kann krabbeln, stehen, laufen, klettern, rennen, Dreirad fahren, mit Wasser und Feuer spielen, mit einem Messer schnitzen, klettern, balancieren, hüpfen und springen, kämpfen, gewinnen und verlieren, Theater spielen, Musik machen, lesen, schreiben, rechnen.

Wenn Eltern oder nahe Bezugspersonen diese Lernerlebnisse der Kinder wohlwollend begleiten und durch zustimmende Äußerungen unterstützen, bilden sich im Gehirn der Kinder neuronale Netzwerke aus, in denen nicht nur das motorische Können gespeichert wird, sondern auch die Freude am Können. Sie erfahren auf diese Weise

Quellen der Persönlichkeitsentwicklung 103

eine Bestätigung und Stärkung ihrer Selbstwirksamkeitserfahrung. Daraus entwickelt sich die für lebenslanges Lernen so notwendige innere Motivation. Hier liegt die Quelle des Lernens. In allen nachfolgenden Prozessen müssen wir darauf achten, dass diese Quelle nicht versiegt. Sie kann durch kein noch so ausgeklügeltes Förderprogramm ersetzt werden. Die Freude am Lernen steht in einem direkten Zusammenhang mit dem Erlebnis, dass das eigene Tun auch in den Augen und Ohren anderer Menschen als etwas Wichtiges wahrgenommen wird. Die positive Resonanz, die Kinder erfahren, gibt ihnen Sicherheit und bestärkt sie in ihrem Tun. So können sich Kinder zu stabilen Persönlichkeiten mit einem guten Selbstwertgefühl entwickeln.

Lernen findet in einem Zusammenspiel von emotionalen, sozialen und kognitiven Aktivitäten statt. Leider wird das Lernen heute weitgehend mit den schulischen Fächern gleichgesetzt und nur selten in seinen emotionalen und sozialen Dimensionen gesehen. Für erfolgreiches Lernen ist die Erfahrung von vielen komplexen Situationen erforderlich. Lernen im Kindergarten und in der Schule vollzieht sich immer in einer Gemeinschaft. Kinder können schon früh voneinander lernen, miteinander agieren, Probleme aufwerfen und gemeinsam nach Lösungen suchen. Werden diese Aktionen mit Interesse verfolgt, von Freude begleitet und durch Applaus belohnt, so stellen sie die wichtigsten Voraussetzungen für eine gelingende Persönlichkeitsentwicklung dar.

Erzieherinnen und Lehrerinnen müssen diese Prozesse pflegen und entsprechende Entwicklungs- und Gestaltungsanreize geben. Im Spiel sammeln Kinder z.B. vielfältige emotionale und kognitive Erfahrungen, die sich auf eine differenzierte Ausbildung ihres Gehirns auswirken.

Lernen ist ein sehr komplexer Vorgang, der auf einem guten Zusammenspiel von emotionalen, sozialen und kognitiven Prozessen beruht. Erfahrene Erzieherinnen,

Lehrerinnen und Lehrer gehen deshalb emotional achtsam mit sich selbst um. Das ist eine Voraussetzung für Empathie gegenüber Kindern. Kreativ und zielstrebig arbeiten emotional kompetente Erzieherinnen und Lehrkräfte mit ihren Kolleginnen und Kollegen an einer pädagogischen Konzeption, in deren Kern es um die Beachtung und Förderung der gesamten Persönlichkeit geht. Ohne sich im Gestrüpp der vielfältigen Alltagsbelastungen zu verfangen, schaffen sie für die ihnen anvertrauten Kinder und Schüler Lernräume, die Entdeckungen ermöglichen.

Entdeckungen vollziehen sich oft völlig unspektakulär. Wichtig ist, dass sie wahrgenommen und beachtet werden. Sie können sich beim Frühstück ebenso ereignen wie bei einem Aufenthalt im Wald.

Natürlich sollen die Kinder wichtige Regeln lernen und auch beachten, die das alltägliche Zusammenleben erforderlich macht oder die es gar erleichtern. So können sich schon zweijährige Kinder bei der Vorbereitung des Frühstücks betätigen, und sie können die benutzen Teller und Tassen auch wieder wegbringen. Beim Essen und beim Zubereiten der Mahlzeiten lernen sie, angemessen mit Nahrungsmitteln umzugehen, ohne dass dabei die Freude auf der Strecke bleibt.

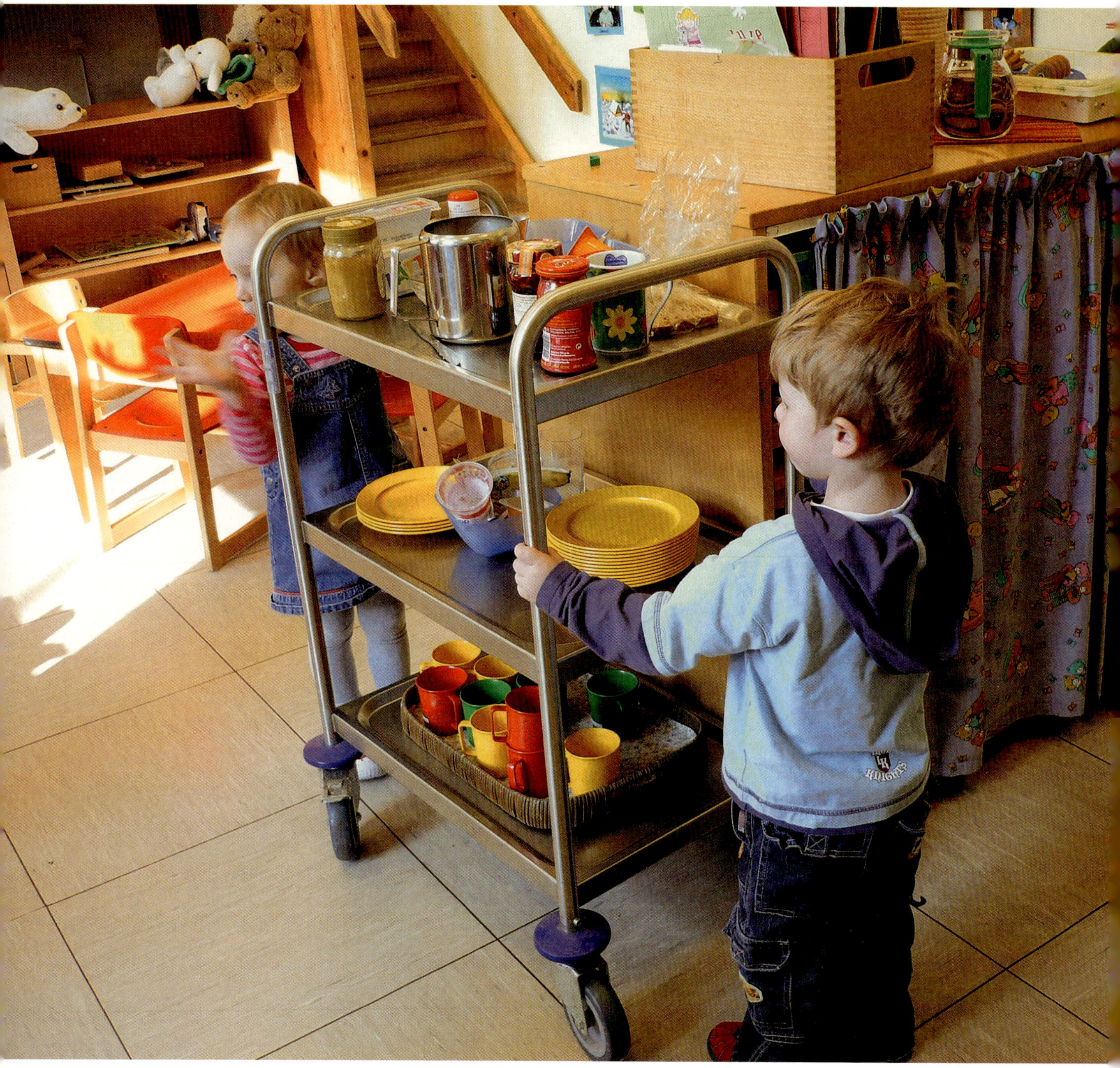

Was macht die Spinne beim Frühstück?

Nun kann es aber Ereignisse geben, die niemand vorausgesehen hat.
 So wird es zum Beispiel in einer Gruppe während des gemeinsamen Frühstücks sehr unruhig. Ein Junge kippelt auf seinem Stuhl, wendet immer wieder seinen Kopf nach hinten und wirkt insgesamt sehr unruhig. Die Erzieherin nimmt dies wahr, erkundigt sich nach der Ursache der Beunruhigung. Erst nach zweimaligem Nachfragen kommt die geflüsterte Antwort: »*Spinne.*« Nun ist es für alle Kinder mit der Ruhe dahin. Sie springen von ihren Stühlen auf, eilen zu dem Ort, an dem

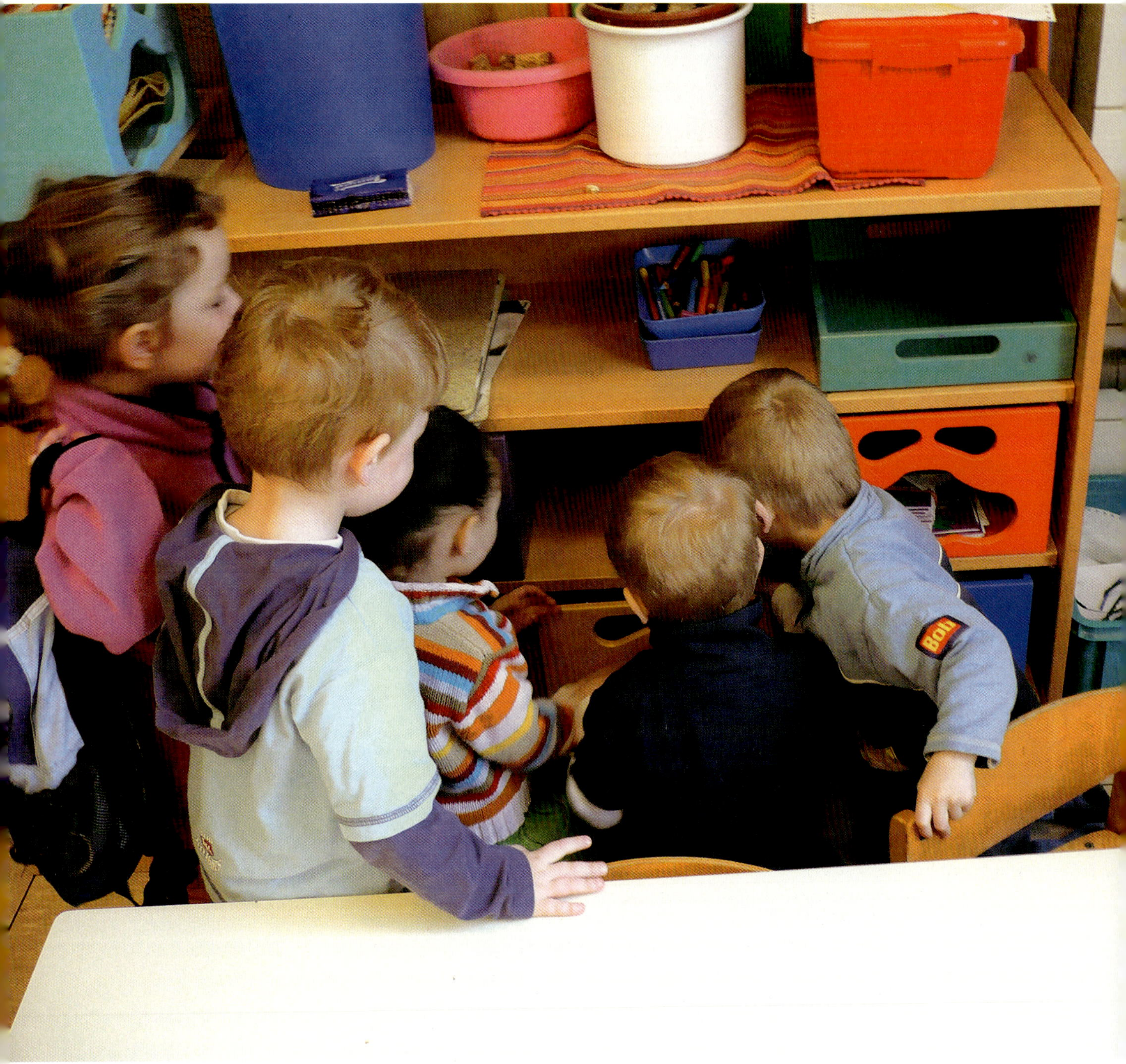
Bob

sich die Spinne aufhalten soll. Die Erzieherin erkennt, dass nunmehr eine sehr aufregende und spannende Situation bevorsteht. Sie rechnet mit einem echten Erlebnis und nutzt das unmittelbare Interesse der meisten Kinder, die es nicht mehr auf ihren Stühlen hält. In einer der Kisten soll die Spinne stecken. Es ist die Kiste mit den Tischdecken. Eine Decke nach der anderen nimmt die Erzieherin vor den Augen der äußerst interessierten Kinder heraus. Die Spannung steigt, volle Konzentration bei allen Beteiligten. Es folgt die Enttäuschung: In der Kiste ist keine Spinne zu finden. Aber die Kinder geben nicht auf. Sie sind sich ganz sicher, dass da irgendwo im Regal die Spinne sein muss. Das alles passiert während der Zeit, in der die Kinder eigentlich frühstücken sollten. Und dann ist das Tier gefunden. Es wird in einen Beobachtungsbecher gesteckt, der mitten auf den Tisch gestellt wird. Und dann liegen sie da und studieren den Inhalt. Als Erstes müssen sie feststellen, dass die Spinne eine Ameise ist. Die ist aber nicht weniger interessant. Und wenn die Erzieherin nach 30 Minuten nicht darauf hingewiesen hätte, dass das Frühstück noch nicht beendet sei und dass man bei schönem Wetter auch noch auf den Spielplatz wolle, dann hätten die Kinder noch länger konzentriert ihre »Ameisen-Spinne« beobachtet. Selbst dann, als die Erzieherin die Ameise wieder aussetzt, wollen die Kinder sehen, wie es weitergeht. Zwei von ihnen steigen sogar auf einen Tisch.

Die Fotoserie macht deutlich, mit welcher Intensität und Ausdauer sich zweijährige Kinder bereits konzentrieren können. Voraussetzung ist allerdings, dass das Objekt des Interesses eine Bedeutung für sie hat. Auf diese Weise wird in ihrem Gehirn das dopaminerge System angeregt, und es kommt zur Ausschüttung von Noradrenalin, das als Botenstoff für Konzentration angesehen werden kann.

Daneben gibt es auch störende Einflüsse, mit denen man nicht immer rechnet. Gelegentlich geraten Kinder aneinander. Es ergibt sich ein Konflikt, weil zum Beispiel zwei Kinder zur gleichen Zeit ein Spielgerät haben möchten. Kinder müssen es erst nach und nach lernen, wie sie mit solchen Situationen umgehen können. Sie müssen in ihrem Gehirn Muster der Konfliktklärung ausbilden können. Konflikte der unterschiedlichsten Art gibt es täglich in den Kindergärten. Erzieherinnen sollten diese nicht nur als zeitraubende Ereignisse wahrnehmen, sondern die Chance ergreifen und mit den Kindern gemeinsam eine Lösung suchen.

Bei Konflikten sind die Botenstoffe im limbischen System hoch aktiv. Enttäuschung, Ärger und Wut breiten sich aus. Die Kinder verhalten sich in solchen Situationen nach den bereits gespeicherten Mustern aufgrund von Erfahrungen im Elternhaus. So werden manche Kinder vorschnell ihren Wunsch aufgeben und sich nach einem alternativen Spielzeug umsehen, andere Kinder werden mit Gewalt versuchen, sich den Wunschgegenstand anzueignen. Nun ist es wichtig, dass die Erzieherin moderierend eingreift. Auf diese Weise vernetzen sich Nervenzellen in großer Zahl zwischen dem limbischen System und dem frontalen Kortex, die sogenannten limbofrontalen Bahnungen. Wenn dieser Sachverhalt akzeptiert werden kann, dann muss eine Erzieherin Konflikte nicht nur als Störungen des normalen Ablaufs ansehen, sie weiß, dass ihr behutsamer Einsatz zur Klärung des Konfliktes beiträgt und dass im Verlauf der Klärungsaktion Millionen von Nervenzellen und Nervenzellverbänden aktiviert werden. So entstehen Muster des Verstehens und des guten Miteinander-Umgehens,

Was macht die Spinne beim Frühstück?

die die Empathiefähigkeit stärken. Die Vernetzungen werden myelinisiert, wie die Hirnforscher sagen, und das bedeutet, dass die erforderlichen Informationen und Lösungsmöglichkeiten bei künftigen Konflikten schneller als bisher gefunden werden können.

Wenn Kinder die Chance erhalten, Probleme selbstständig zu lösen, entwickeln sie über die Zunahme ihrer Handlungskompetenz eine Motivation, die sich wiederum auf ihr Selbstwertgefühl stabilisierend auswirkt. Kinder brauchen, um hinreichend offen für neue Wahrnehmungen, kreativ und neugierig zu bleiben, ein Gefühl von Sicherheit und Vertrauen. Das individuelle Lernen ist immer eingebettet in strukturelle Rahmenbedingungen, die Lernforschritte eher begünstigen oder behindern können.

Empathie in Konfliktsituationen

Leider speichern Kinder bei familiären Konflikten auch untaugliche Handlungsmuster. Deswegen ist es so wichtig, dass im Kindergarten das Klären von Konflikten einen hohen Stellenwert erhält. Konflikte wühlen die Gefühle der beteiligten Personen auf und lösen das Stress-System aus. Erwachsene verfügen über eine größere Erfahrung als Kinder beim Lösen von Konflikten. Deswegen ist es so wichtig, dass sie sich möglichst professionell verhalten. Eine Erzieherin sollte ihre Gefühle kontrollieren

können. Auf diese Weise aktiviert sie in ihrem Gehirn das System für Impulskontrolle. Allein dadurch wird sie zum Vorbild für die betroffenen Kinder. Sie nehmen emotional wahr, ob ihre Erzieherin gelassen die Klärung des Konflikts angeht oder in den Aufwallungen eigener Gefühle wie Wut, Ärger oder Enttäuschung untergeht. Natürlich darf sie diese Gefühle haben, sie muss sie allerdings unter Kontrolle bringen, denn sonst kann sie zur Klärung des Konflikts weder auf der äußeren Ebene etwas beitragen noch dazu anregen, dass die Kinder in ihrem neuronalen Netz nun ein Muster für gelingende Konfliktklärung ausbilden können. Denn darauf kommt es an. Geht eine Erzieherin mit Widerwillen an die Klärungsarbeit, dann wäre es vielleicht besser, sie würde eine Kollegin bitten, diese Aufgabe zu übernehmen. Man muss sich klarmachen, dass die Gefühle einer Erzieherin in einer Konfliktsituation über die Spiegelneuronen bei den Kindern ankommen. Desinteresse, Ärger oder gar Wut signalisieren in einer Klärungssituation keine empathischen Verhaltensweisen. Auf die käme es aber an. Denn nur dann, wenn sich die betroffenen Kinder, deren Stress-System voll aktiv ist, verstanden fühlen, können sie Vertrauen in die Fähigkeiten ihrer Erzieherin setzen. Gleichzeitig schaltet sich ihr Beruhigungssystem ein, und die Grundlage für eine Konfliktklärung ist gegeben.

7. Willkommen in der Schule

Beim Übergang vom Kindergarten in die Schule ist darauf zu achten, dass jedes Kind möglichst selbstbewusst und ohne Kränkungen gut in der Welt der Schule ankommt. Vor allem sollten seine Lernfreude und sein Lernwille erhalten bleiben. Gelingen kann das am ehesten in einer freundlichen und wohlwollenden Lernatmosphäre, die jedem Kind vielfältige Entfaltungsmöglichkeiten eröffnet.

Leider ist der Übergang vom Kindergarten in die Grundschule für viele Kinder mit starken Einschränkungen verbunden. Oft begegnen sie einem nur wenig differenzierten Anfangsunterricht, der sie in ihren individuellen Entwicklungsmöglichkeiten eher einschränkt, als dass er sie fördert.

Eine Gefahr besteht auch darin, dass übereifrige Eltern und Lehrpersonen so hohe Anforderungen an die Kinder stellen, dass deren Lernfreude oft schon nach wenigen Tagen erlischt. Wenn Bildung gelingen soll, hat das immer auch mit Augenblicken des Glücks zu tun. Diese Überlegungen können Leserinnen und Leser schnell nachvollziehen, wenn sie sich an die Zeit ihres Schulanfangs erinnern. Es werden sofort die entscheidenden Bilder in den Kopf springen. Jeder, der sich diesen Überlegungen hingibt, sieht die Ereignisse so klar vor Augen, als seien sie erst gestern passiert. Das hat damit zu tun, dass es damals um starke Gefühle ging, die sich als Muster tief im Gehirn eingebrannt haben. Sie werden auch erkennen, welche Lehrerinnen zu gelingendem Lernen beigetragen oder ihre Lernfreude zum Versiegen gebracht haben. Diese Erlebnisse haben sich in der Regel als feste Muster im Gehirn eines jeden Menschen eingespurt und in der Folge dann auch dessen Motivation beeinflusst.

Motivationssysteme aktivieren

Die Säuglingsforschung legt die Vermutung nahe, dass eine der Ursachen für spätere Demotivation und Unkonzentriertheit auch im Rückgang der Spiellust bei kleinen Kindern zu suchen sei. In der Schule fallen Kinder, die keine Chance hatten, das ruhige Spielen zu lernen, oft durch Verhaltens- und Lernprobleme auf. Sie können sich nicht auf Unterrichtsinhalte konzentrieren, Lerninhalte nicht behalten und sie daher auch nicht in neuen Zusammenhängen anwenden. Es fehlt die innere Motivation, sich konzentriert und über einen längeren Zeitraum der Lösung eines Problems zu widmen. Ursachen dafür könnten sein, dass sich diese Kinder bei wichtigen Entwicklungsschritten nicht angemessen auf die Lösung des jeweiligen Problems konzentrieren konnten.

Für die gesamte Schulzeit gilt: Freude am Lernen und eine hohe Lernmotivation stellen sich dann ein, wenn Kinder ihre Lernprozesse vorwiegend selbst gestalten können. Davon ist in vielen Schulen leider nur wenig zu spüren.

Kinder wollen lernen

Kinder wollen lernen und ihre Welt erkunden. Treibende Kräfte sind ihre Neugier und Eigenaktivität. Spielzeit ist daher Bildungszeit, das gilt besonders für die Arbeit in Kindergärten. Dabei gilt als Voraussetzung für eine gelingende Entwicklung die Empathiefähigkeit der Erzieherin. Zwischen Erzieherin und Kind muss Vertrauen entstehen. Das ist nicht so einfach planbar. Es ereignet sich in den Situationen des Alltags, zum Beispiel dann, wenn sich aufgrund der Tätigkeiten eine besondere Nähe ergibt.

Kinder bleiben nur dann Entdecker, wenn man ihnen die Möglichkeit zu einem selbstbestimmten Lernen eröffnet. Lernerfolge stellen sich dann ein, wenn Kinder immer wieder die Erfahrung von Urheberschaft machen und wenn Erwachsene ihre Leistungen wohlwollend würdigen. Der Erfolg ergibt sich aus der Dynamik von Urheberschaft und Resonanz. Fehlt diese empathische Komponente in Lernprozessen, dann kann sich die für spätere Lern-, Gedächtnis- und Erinnerungsprozesse so wichtige neuronale Struktur nicht angemessen ausbilden.

In der Schule sind es vor allem Lernformen, die den Schülerinnen und Schülern eine aktive Auseinandersetzung mit dem jeweiligen Lerngegenstand ermöglichen. Auf diese Weise wird das dopaminerge System angekurbelt. Damit ist die entscheidende Grundlage für erfolgreiches Lernen beschrieben. Leider finden diese Zusammenhänge in der Schul- und Bildungspolitik zu wenig Beachtung.

Empathiemuster am Übergang vom Kindergarten in die Schule

Was beschäftigt Kinder, wenn sie an den Übergang vom Kindergarten in die Schule denken? Was fühlen sie, wenn sie daran denken, dass sie nun bald ihre Gruppe und die ihnen vertrauten Erzieherinnen verlassen werden, verlassen müssen – denn wer wollte in diesem Alter kein Schulkind werden?

Wie geht es Eltern, wenn ihnen bewusst wird, dass ihr Kind zur Schule kommt?

Wie geht es den Erzieherinnen, die täglich viele Stunden – und das über einen Zeitraum von mehreren Jahren – intensiv mit den Kindern zusammengelebt und in dieser Zeit ein sehr enges Beziehungsgefüge aufgebaut haben?

Wie geht es den Lehrerinnen und Lehrern, die sich schon lange vor der Einschulung gedanklich mit Kindern befasst haben, die sie zu dem Zeitpunkt noch gar nicht kennen?

... dass es in der Schule gut wird

Werfen wir zunächst einen Blick auf die Fünfjährigen und fragen sie nach ihren Vorstellungen zum Schulanfang.

Ein Mädchen denkt lange nach und sagt schließlich: »*Dann lern ich einfach was. Ich zieh dann auch Kleider oder Röcke an.*« »*Weiß nicht – gar nichts!*« sagt ein Junge. »*Ich glaube, dass die Schule anstrengend ist*«, sagt ein anderes Mädchen und ergänzt: »*Da muss man viel lernen.*« Kurze Pause: »*Ich glaube, ich schaffe alles.*« »*Dass ich Mama, Papa und Katze und Schwester schreiben kann*«, sagt ein Mädchen und fügt hinzu: »*Das wird schade, wenn ich weggehe*« (aus dem Kindergarten). Andere Mädchen: »*Ich denke an den Schulranzen und dass es in der Schule gut wird.*« »*Da langweile ich mich höchstens, da muss ich so viele Hausaufgaben machen, und ich kann mit den anderen nicht so viel spielen.*« »*Dass es da toll ist und dass ich gute Freundinnen bekomme und dass die Lehrerin nett ist.*« »*Äh,... ich denke, dass die Pause toll ist und dass die Schule Spaß macht und dass ich nie nachsitzen muss und dass die Lehrerin ganz nett ist und sonst nix.*«
Einige Jungen sagen: »*Dass ich ganz viel schreiben und rechnen werde und ganz toll lesen kann.*« »*Dass ich toll klettern kann, weil ich besser klettern will als die anderen.*«
Ein Junge zuckt mit den Schultern und sagt dann: »*Weiß nicht.*« Erzieherin: »*Gibt es etwas, auf das du dich freust?*« Der Junge schaut sie an und zuckt mit den Schultern.
Ein anderer Junge: »*Dass es da schön ist. Auf jeden Fall freue ich mich auf das Spielzeug, was ich da kriege aus der Schultüte.*« Das sieht der nächste Gesprächs-

partner ganz anders: »*Ich denke, dass die Schule blöd ist. Ich will nicht zur Schule gehen. Schule ist blöd, blöd, blöd.*« Erzieherin: »*Warum?*« Junge: »*Ich find die Schule einfach blöd, dass man da immer zuhören muss und nicht spielen kann, dass man immer warten muss, weil man da immer so lange still sein muss.*« Kurz und knapp formuliert ein Junge: »*Ich hoffe, dass ich eine nette Lehrerin kriege und dass ich dort viele Freunde finde.*«

Kinder sind verschieden

Diese Aussagen machen deutlich, wie groß die Unterschiede in der Einschätzung der bald beginnenden Schulzeit bei den betroffenen Kindern sind. Auch hinsichtlich ihrer Gesamtentwicklung müssen wir von großen Unterschieden ausgehen. Der bekannte Kinderarzt und Bestsellerautor Remo Largo (2009) stellt fest, dass die Kinder zu Beginn ihrer Schulzeit in ihrer Entwicklung oft zwei Jahre auseinanderliegen. Das gilt es zu berücksichtigen. Die meisten Kinder schaffen den Übergang ohne größere Probleme. Aber auch diese Kinder sind in ihrer Entwicklung unterschiedlich weit. Jedem Kind sollte ein optimaler Start in die Schule ermöglicht werden. Gegenwärtig ist allerdings die Tendenz zu beobachten, die Kinder möglichst früh auf ein gemeinsames Niveau zu heben. Frühförderung lautet das Zauberwort. Eine solche Förderung wird in Einzelfällen wichtig und notwendig sein. Allerdings sollte man immer bedenken, dass sich die Lern- und Entwicklungspotenziale von innen entfalten. Dass man gute Rahmenbedingungen schaffen muss, sollte eine Selbstverständlichkeit sein. Und dann braucht es vor allem Geduld und Vertrauen auf der Seite der Erwachsenen. Daran mangelt es leider viel zu oft. Kinder haben ein Beziehungsbedürfnis, das es zu befriedigen gilt. Dann findet Lernen fast von alleine statt. Die angemessene Antwort auf die unterschiedlichen Lernvoraussetzungen der Kinder liegt in der Akzeptanz ihrer Unterschiedlichkeit. Ein differenziertes und auf das Können des einzelnen Kindes abgestimmtes pädagogisches Konzept wäre die logische Folge.

Natürlich muss man Bildungsprozesse immer auch in ihrem kontinuierlichen Zusammenhang sehen. Es geht im Kindergarten um die Zeit vor der Schule, nicht um die Schule. Es geht um altersgemäße Spiel- und Lernformen. Es geht darum, dass sich die Grundpotenziale entwickeln können. Das können die Erwachsenen am besten dadurch unterstützen, dass sie gute Rahmenbedingungen schaffen. Wenn sie dann noch eine empathische Haltung einnehmen können, dann wären günstige Voraussetzungen für eine gelingende Entwicklung geschaffen. Jedes Kind braucht erwachsene Menschen, die ihm Schutz und Orientierung geben. Es braucht Menschen, die sich für seine Entwicklung interessieren und sich daran freuen. Es braucht keine Besserwisser, die durch ihre Art den Fluss der Neurotransmitter eher behindern als fördern. Eltern, Erzieherinnen und Lehrer sollten sich einmal klarmachen, welches Wunderwerk sich im Gehirn eines Kindes entwickelt. Nur das Kind selbst kann durch sein Tun dazu beitragen. Empathisch begleitet kommt das Gehirn so richtig in Schwung. Freundschaften unter Kindern sind ebenfalls wichtig für ihre Gesamtentwicklung.

Freundinnen

Das Können und die Sicherheit, die manche Kinder bis zum Schulanfang erworben haben, sind enorm. Hier sieht man zwei Mädchen, von denen man den Eindruck hat, dass sie schon alles ausprobiert haben, was im Kindergarten möglich ist. Dennoch sind sie mittendrin im Geschehen. Sie stehen am Rande des Sandkastens, in dem die

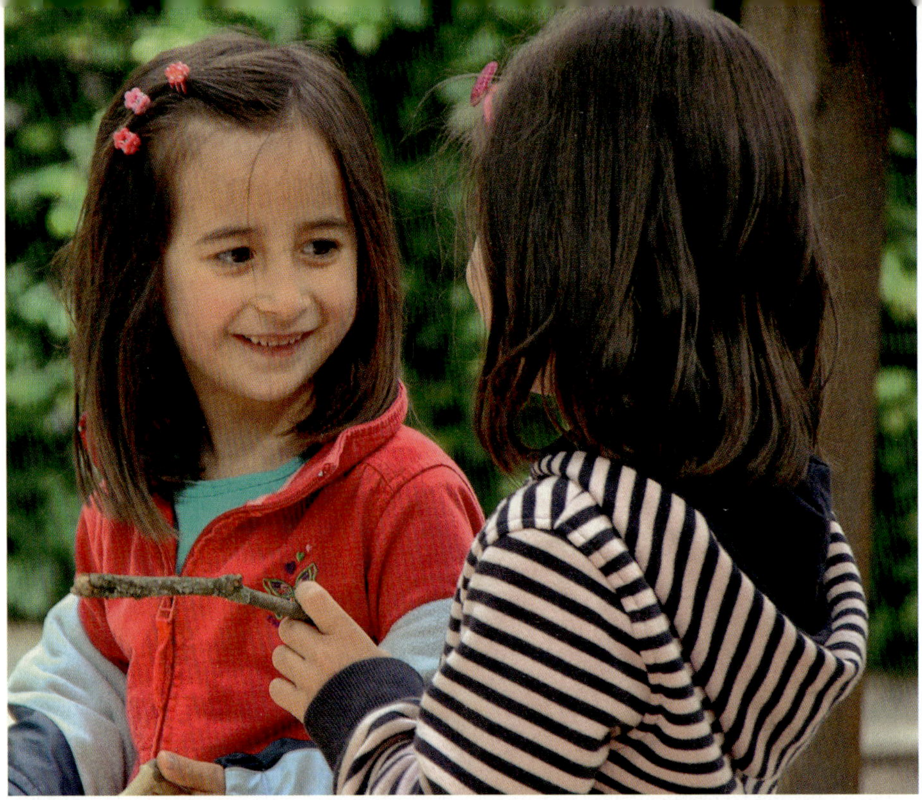

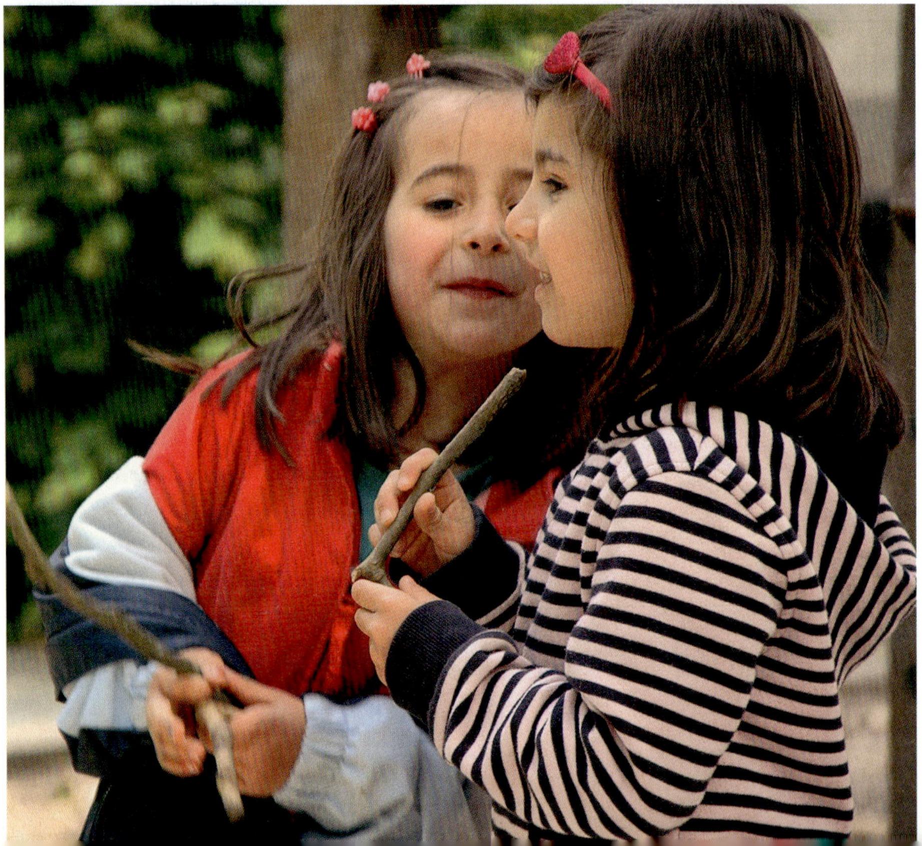

125

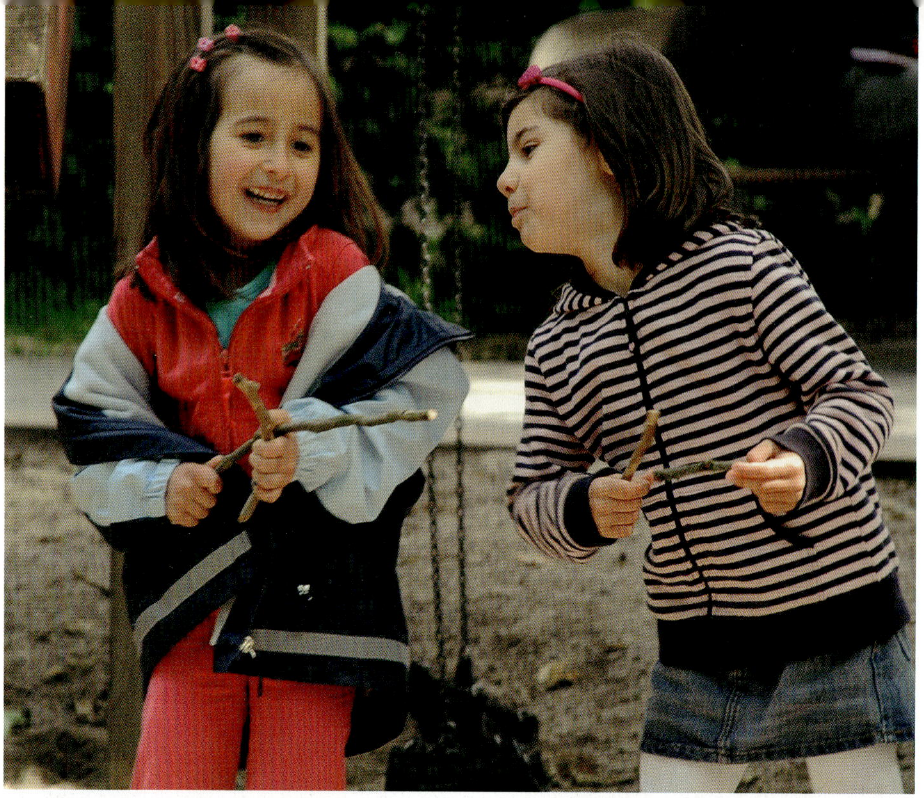

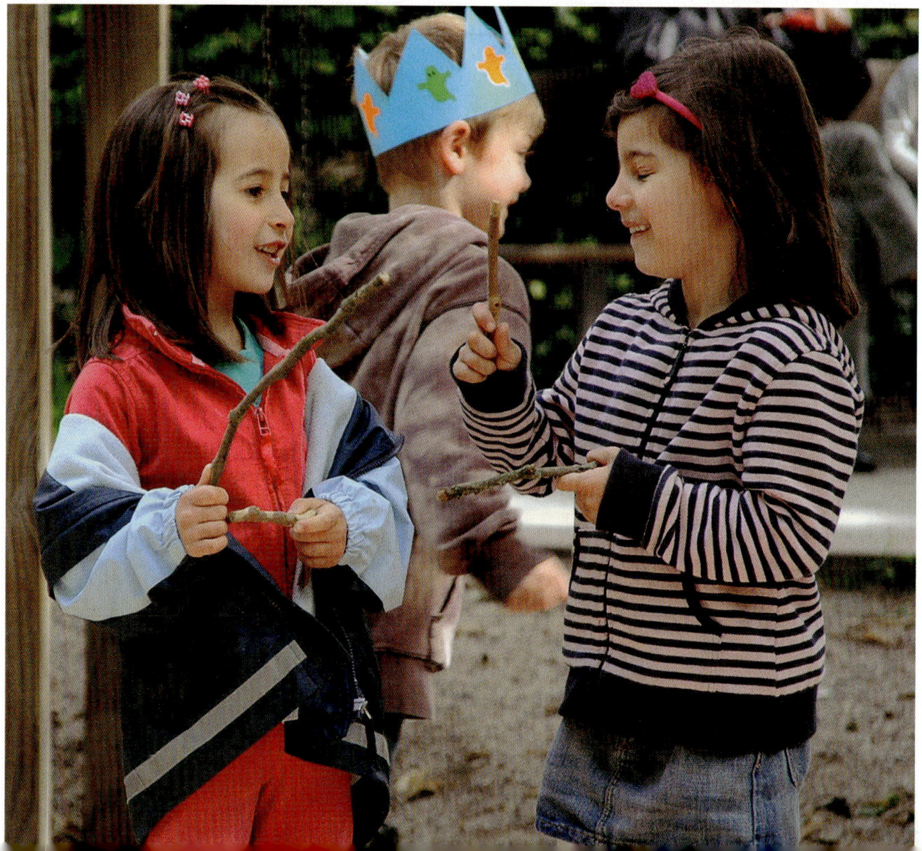

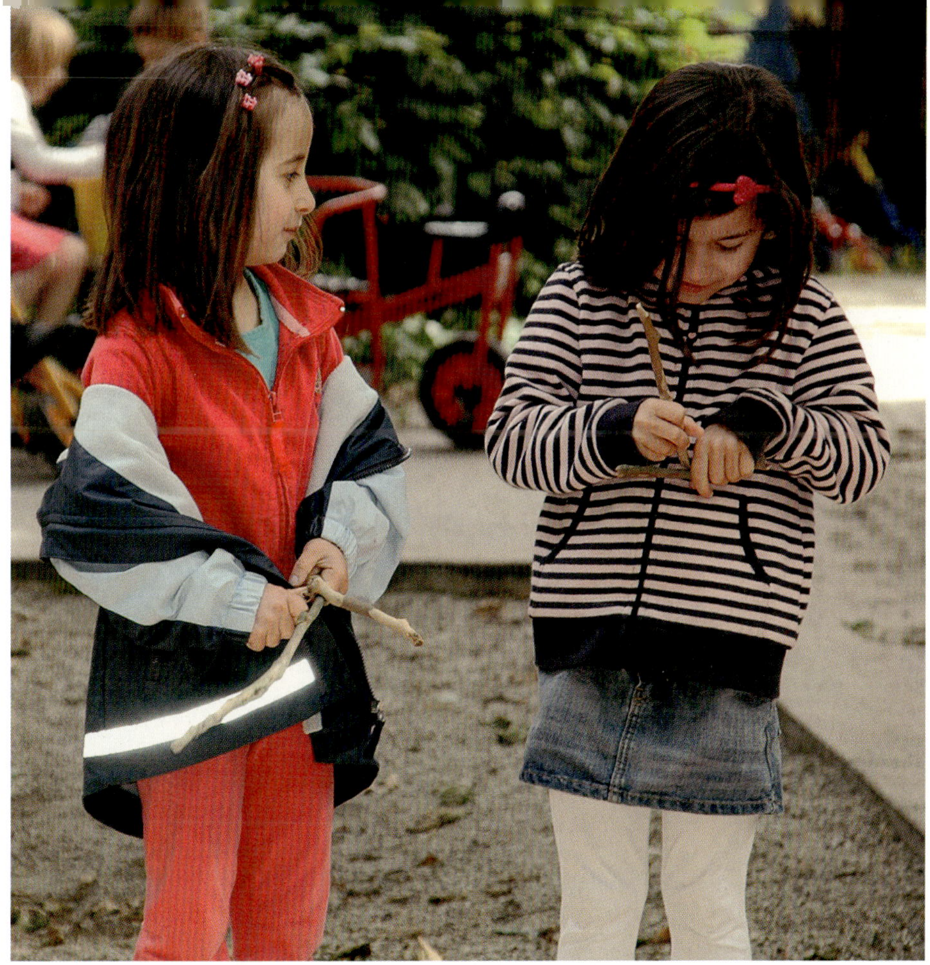

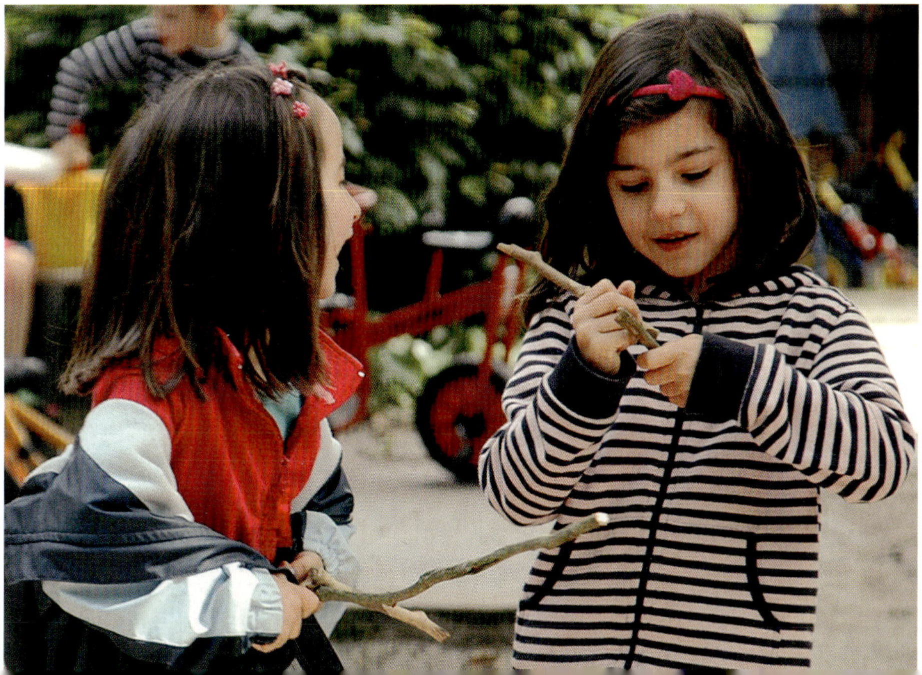

Zwei- und Dreijährigen spielen, betrachten das Fußballspiel von acht Jungen, lassen sich durch nichts aus der Ruhe bringen, sondern reden miteinander, sind einander zugewandt und strahlen Zufriedenheit aus. Sie haben, so scheint es, eine Sicherheit erworben, mit der sie gut durch die Schule kommen werden.

»Es hängt so viel von der Persönlichkeit der ersten Lehrerin ab«

Wie geht es Eltern, wenn ihnen bewusst wird, dass ihr Kind zur Schule kommt?

In Gesprächen werden Gefühle genannt wie: Freude, Erwartung und Stolz. Eltern sprechen aber auch von einem gewissen Unbehagen, von Sorgen und sogar von Angst, wenn sie an die bald beginnende Schulzeit denken. Es hänge so viel von der Persönlichkeit der zukünftigen Klassenlehrerin ab, wird immer wieder hervorgehoben und darauf habe man keinen Einfluss. Ohne dass es von Eltern bewusst so benannt wird, darf man annehmen, dass sie wissen – mindestens aber ahnen –, dass das Einfühlungsvermögen der ersten Lehrerin oder des ersten Lehrers ganz entscheidend sein wird (Aitmatow 2007). Von ihr oder ihm hängt es ab, ob sich die angelegten Kindheitsmuster gut weiter ausbilden können.

Ein Beispiel soll die Situation konkretisieren. Eine Mutter erzählt:

»Ich habe drei Kinder. L. ist die Jüngste. Sie kommt demnächst in die Schule. Ich bin schon ein bisschen traurig. Es geht ein Stück unbeschwerte Kindheit zu Ende. Es geht eine Phase zu Ende, die kommt nie wieder. Die andere Seite ist: Unsere Tochter möchte lernen, und zwar sehr gern. Und es werden neue Anforderungen an sie gestellt, was ja auch wichtig ist. Sie ist schon seit einiger Zeit an allem interessiert, was mit Lesen, Schreiben und Rechnen zu tun hat. Schon mit vier Jahren fragte sie mich, was das für ein Buchstabe ist, und das ging dann so weiter. Gedrängt haben wir sie nicht. Und dann hat sie auch versucht, die Buchstaben nachzuschreiben. Sie kann schon das ganze Alphabet schreiben. Das macht ihr Spaß. Allerdings macht sie das nicht kontinuierlich. Es gibt immer wieder Tage, an denen sie sich überhaupt nicht darum kümmert.

Wenn abends mein Mann nach Hause kommt, dann sitzen die beiden oft zusammen. Er liest dann manchmal etwas vor. Fernsehen spielt bei unserer Tochter keine große Rolle. Sie ist viel draußen und spielt mit anderen Kindern. Und vormittags ist sie im Kindergarten. Da geht sie übrigens mit großer Begeisterung hin.

Sie hat auch Interesse an Zahlen. Ich musste mir immer wieder Aufgaben ausdenken. Sie rechnet dann kleine Plusaufgaben mit den Fingern. Das macht ihr richtig Spaß. Sie kann schon bis 100 zählen. Wie gesagt, wir haben das nicht an sie herangetragen. Sie möchte das. Natürlich spielen wir auch die unterschiedlichsten Spiele, und da muss man ja auch oft zählen können, wenn man nur einmal an ›Mensch ärgere dich nicht‹ denkt.

Also für unsere Tochter ist es gut, dass sie zur Schule kommt. Sie will lernen. Sie freut sich auch darauf. Ein bisschen Sorge mache ich mir wegen des langen Stillsitzens. Muss das eigentlich sein? Und dann ist ja vieles von der ersten Lehrerin abhängig. Es kommt auf die Persönlichkeit an. Ich hoffe, dass die Lehrerin unserer Tochter Kinder mag. Das ist für uns das Wichtigste.«

Dieses hoch motivierte Mädchen wird, daran gibt es keinen Zweifel, auf viele Kinder treffen, die ähnliche Voraussetzungen mitbringen und ebenfalls voller Lern- und Tatendrang sein werden. Aber es wird auch die anderen Kinder geben, die ohne wohlwollendes Interesse ihrer Eltern aufwachsen müssen. Die persönliche Haltung der Lehrerinnen und Lehrer zu dem Lernvermögen des einzelnen Kindes ist ein entscheidendes Kriterium für künftige Lernerfolge. Diese werden nur dann zu erreichen sein, wenn im Rahmen eines differenzierten Lernangebotes alle Kinder gemäß ihren Voraussetzungen lernen dürfen.

»Haben wir sie gut auf die Schule vorbereitet?«

Wie geht es den Erzieherinnen, die intensiv mit den Kindern zusammengelebt und während dieser Zeit ein sehr enges Beziehungsgefüge aufgebaut haben? In Gesprächen mit ihnen schwingen Zweifel mit: *»Haben wir unser Bestes für die Kinder gegeben?«* In den meisten Kindergärten findet für die Kinder, die demnächst die Schule besuchen werden, ein besonderes Angebot statt. Manchmal haben diese Kinder auch einen Namen wie »Maxi-Gruppe«.

Manchmal ist es gut, sich mit den Kindern gemeinsam darüber zu vergewissern, was alles während der Kindergartenzeit entstanden ist. Das Portfolio oder die Sammelmappe für Bilder kann dabei als Grundlage dienen.

Die Fotoserie Dialogrunde zeigt eine Erzieherin, die sich zusammen mit einem Kind die vielen Geschichten ansieht, die im Verlauf des letzten Jahres entstanden sind. Dies ist eine Bestätigung für die Kinder und ihre Erzieherin.

In den Unterlagen finden sich auch Lerngeschichten der einzelnen Kinder, die ihre Erzieherin im Verlauf der Jahre immer wieder einmal aufgeschrieben hat.

Willkommen in der Schule

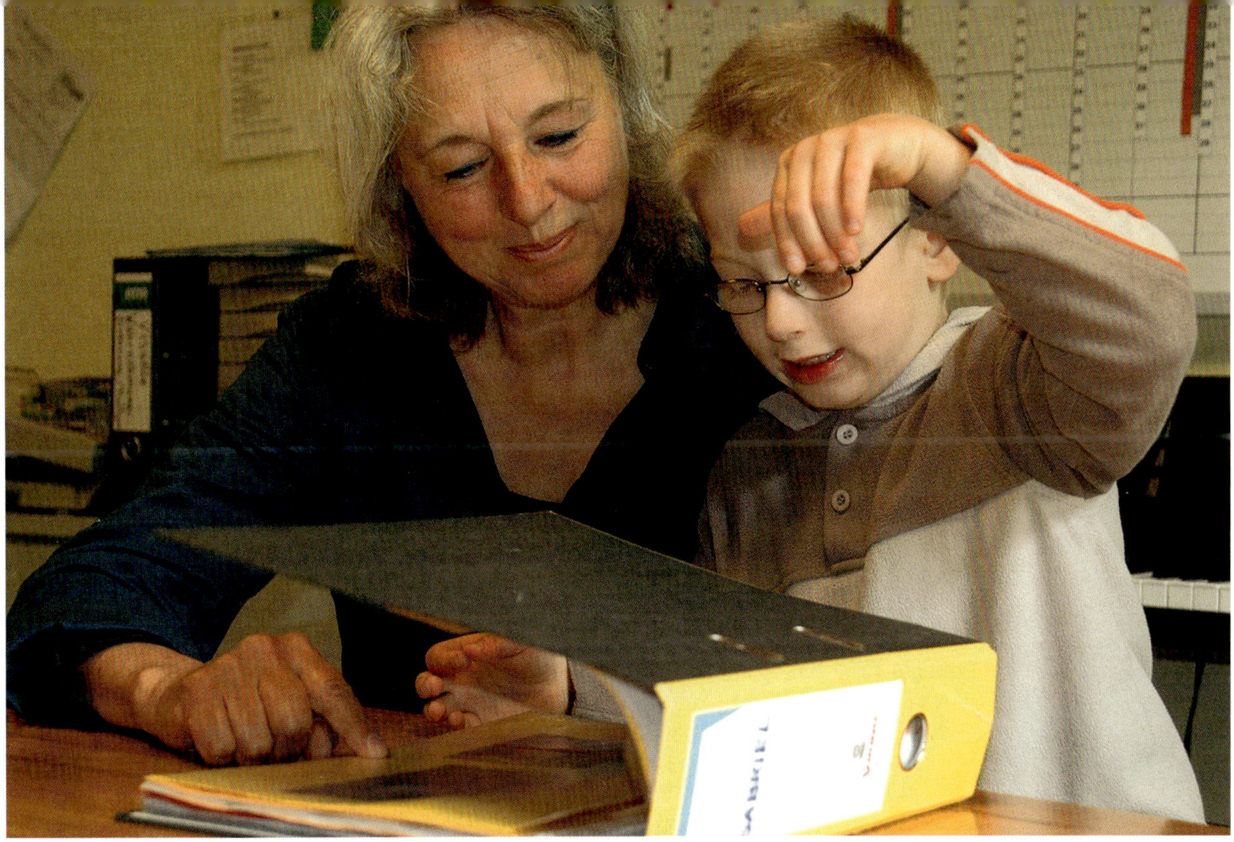

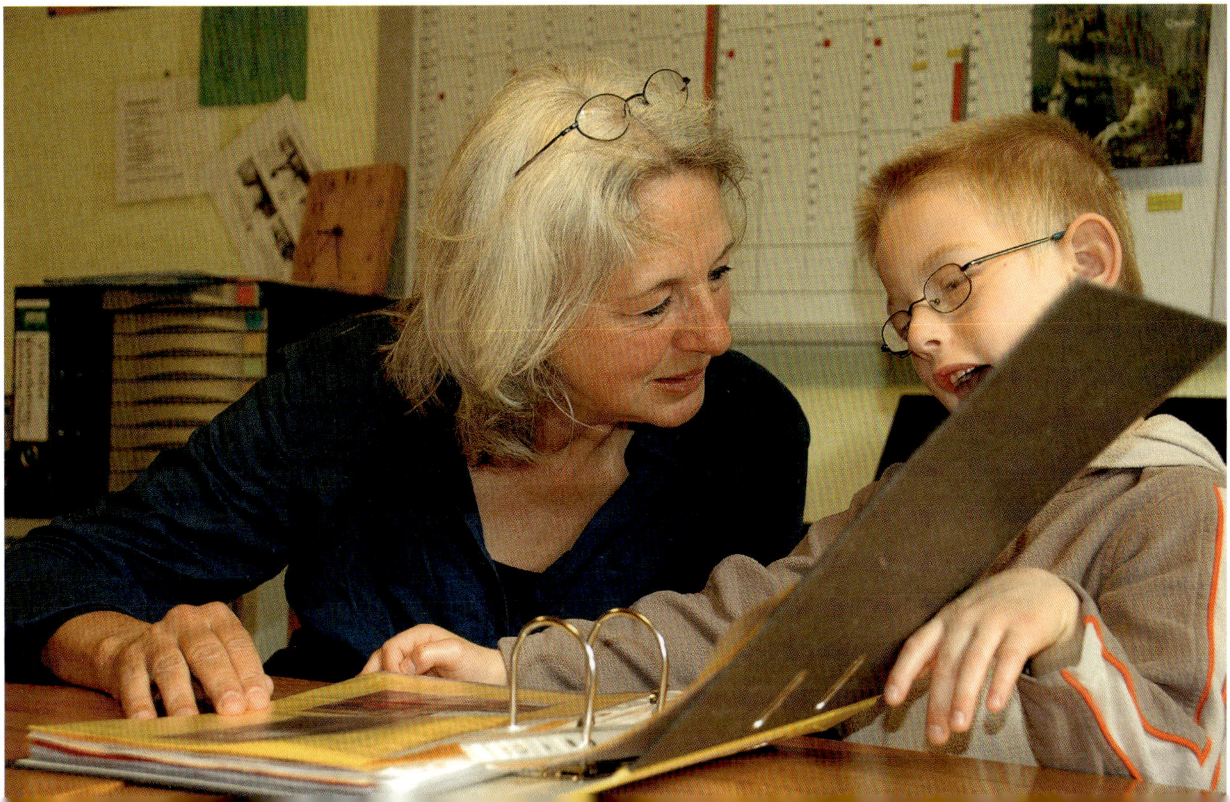

Liebe Jana,

vor einiger Zeit hast Du ein Buchstabenpuzzle mit in den Kindergarten gebracht und Dir gewünscht, dass wir beide zusammen damit spielen. Du hast dann die Buchstaben, die das ganze Alphabet enthielten, aus dem Puzzle herausgelöst und mir die Namen der Buchstaben aufgesagt. Du kanntest sie alle. Dann hast Du Deinen Namen mit einigen Buchstaben gelegt. Als Du dann auch noch TOM schreiben wolltest, merktest Du, dass Du TOM nicht schreiben konntest, weil kein weiteres O dabei war. Auch als Du weitere Namen schreiben wolltest, fehlten Buchstaben, da in deinem Puzzle jeder Buchstabe nur einmal vorhanden ist. Ich schlug Dir vor, unseren Stempel-Buchstabenkasten zum Weiterschreiben zu benutzen, weil Du damit jeden Buchstaben so häufig drucken kannst, wie Du möchtest. Zuerst hast Du Namen gestempelt, die Du kennst. Da wir gerade das Thema Waldtiere in unserer Gruppe behandelten und wir im Kreis manchmal Waldwörter gesammelt haben, kamst Du vermutlich auf die Idee, Waldwörter zu stempeln. Du hast mich gefragt, wie man »Wald« schreibt, und ich habe dir beim WALD-Schreiben geholfen. Anschließend wolltest Du REH schreiben, und ich habe Dir auch das Wort REH deutlich vorgesprochen und Dich gefragt, ob Du vielleicht hören kannst, welche Buchstaben in diesem Wort versteckt sind. Du hast das R und das E erkannt. Das war genau richtig. Dass man Ende des Wortes noch ein H schreibt, das man nicht hören kann, habe ich Dir erzählt. Du hast es noch dazu gestempelt. Bei dem Wort HIRSCH, das Du danach noch gestempelt hast, hast Du den Anfang des Wortes schon fast allein herausgehört. Das Schreiben der Wörter hat Dir sehr viel Freude bereitet, und ich habe dabei gemerkt, dass Du schon ein kleines bisschen lesen kannst. Ich kann mir vorstellen, dass Dir das Lesen und Schreiben einmal viel Freude bereiten wird. Deine Lisa

Für viele Kinder ist es gerade am Ende der Kindergartenzeit schön, wenn die Erzieherin mit ihnen gemeinsam Sachen anschaut oder Geschichten vorliest, in denen die Lerninteressen eines Kindes spürbar werden. Hierbei handelt es sich um ein individuelles Eingehen auf die persönliche Situation nicht nur des Kindes, sondern es wird an eine Situation erinnert, in der gemeinsam Erlebtes thematisiert wird. Darin zeigt sich empathisches Verhalten.

Wertschätzung für Empathie-Vermittlerinnen

Wenn Eltern den achtsamen Umgang der Erzieherinnen ihrer Kinder würdigen, dann heißt das, dass sie im Verlauf der Jahre nicht nur auf das geschaut haben, was für ihre Augen sichtbar war. Es ist die eigene Empathiefähigkeit, die es ihnen ermöglicht, dem Nichtsichtbaren Worte zu verleihen. Diese Fähigkeit zeigt sich in dem wertschätzenden Brief, den Eltern als Dank am Ende der Kindergartenzeit den beiden Erzieherinnen geschrieben haben.

Liebe Inga, liebe Luise,

der Tag ist da, die Kindergartenzeit ist vorbei. Jetzt heißt es Abschied nehmen von einem wichtigen Stück Kindheit. Als unsere Kinder zu Euch in die Gruppe kamen, wollten sie nicht immer dortbleiben. In der ersten Zeit liefen sie teils zornig, teils mit Tränen hinter Papa und Mama wieder mit zum Ausgang, bis sie gelernt hatten, dass Mama und Papa wiederkommen. Aber dann begann für sie die erste große Freiheit ihres Lebens: Der Eintritt in eine Gemeinschaft, die nicht die eigene Familie ist. Sie mussten es lernen, sich als Gleicher unter Gleichen einzugliedern. Sie knüpften ihre ersten Beziehungen zu anderen Menschen, mussten sehen, wie sie ihre Wünsche und Bedürfnisse zur Geltung bringen konnten. Der Rahmen, in dem dies geschah, wurde von Euch aufgespannt. Dieser Rahmen bekam täglich Beulen, weil unsere Kinder täglich überprüften, ob der Rahmen auch halten würde. So war es für sie spannend und lehrreich zu erfahren, was passierte, wenn man einen Zeh

Wertschätzung für Empathie-Vermittlerinnen

oder gar einen Fuß aus diesem Rahmen herausstreckte. Ja, was passierte, wenn man mit Anlauf versuchte, aus diesem Rahmen heraus zu fallen.

Liebe Luise, liebe Inga, Ihr habt den Rahmen kunstvoll geflochten: nicht zu hart, damit man sich nicht sofort wehtat, aber stark genug, damit auch kein einziges Kind herausfallen konnte. Es gab weiche und kuschelige Ecken, wo man sich hervorragend entspannen und ausruhen konnte. Und es gab Ecken in diesem Rahmen, wo ein Kind mit Inga oder Luisa allein seinen Platz hatte. Leider waren diese Zeiten winzig klein. Und schließlich gab es in diesem Rahmen auch Fenster, aus denen man gemeinsam hinausschauen und sehen konnte, wie es außerhalb aussieht.

Je besser unsere Kinder diesen Rahmen kennenlernten, desto agiler und sicherer bewegten sie sich innerhalb. Bis sie zum Schluss schon akrobatisch darin herumsausten, ohne ihn zu zerstören – und das heißt:

Sie konnten etwas miteinander anfangen. Sie kamen aus unterschiedlichen Familien und waren eine Gemeinschaft geworden, in der sie fröhlich und bedacht das Zusammenleben gelernt hatten.

Ein wichtiges Stück Kindheit ist das gewesen. Es ist wunderbar erfüllt und wunderbar genutzt worden. Unsere Kinder haben das Notwendige gelernt, um in einer neuen Gemeinschaft in der Schule ihren Platz einnehmen zu können.

Liebe Luise, liebe Inga, aus Kindern werden Leute, das ist wunderbar und traurig zugleich. Unser Kinder und wir müssen nun von euch Abschied nehmen. Ihr habet unseren Kindern viel gegeben:

Eure Güte und Strenge,
Eure Fröhlichkeit und Kreativität,
Eure Geduld und Euer Verständnis,
Eure Ruhe und Eure Unterstützung,
Euer Mitlachen und Euer Mitleiden,
Eure Neugier und Eure Natürlichkeit.

Unsere Kinder werden Euch das nie vergessen, denn sie tragen all das in ihrer Entwicklung mit sich, ein Leben lang. Und wir, die Eltern, möchten uns dafür aus ganzem Herzen bedanken.

Im Namen aller Eltern
Euer [....]

In diesen poetischen Zeilen wird Empathie sichtbar. Wir können davon ausgehen, dass sich diese Wertschätzung in den vielen Begegnungen des Alltags, beim Bringen und Abholen der Kinder, bei gemeinsamen Besprechungen und auch bei Festen gezeigt hat und auch von den Kindern wahrgenommen werden konnte. Wir können von sozialen Empathiemustern sprechen. Sie unterstützen die empathische Musterbildung im kindlichen Gehirn und festigen das Selbstwertgefühl. Die Eltern werfen in ihrem Brief ein Licht auf die gelebte Erziehungspartnerschaft. Eltern und

Erzieherinnen haben sich gemeinsam – allerdings an unterschiedlichen Lebensorten – um die Entwicklung der Kinder gekümmert. Es ist ein empathisches Netz aus den alltäglichen Begebenheiten entstanden. Wir dürfen daher annehmen, dass sich in den unterschiedlichen Situationen der Kindergartenzeit Milliarden von Nervenzellen so miteinander vernetzt haben, dass sich Empathiemuster im Gehirn etablieren konnten. Man kann diese Erfahrungen auch als innere Bilder bezeichnen, die allen Beteiligten – besonders den Kindern – Kraft geben werden, wenn das Leben schwer wird.

Erwartungen von Lehrerinnen und Lehrern

Wie geht es den künftigen Lehrerinnen und Lehrern, die sich schon lange vor der Einschulung gedanklich mit Kindern befasst haben, die sie zu dem Zeitpunkt noch gar nicht kennen?

Fragt man Lehrerinnen und Lehrer hinsichtlich ihrer guten und weniger guten Gefühle im Zusammenhang mit der Einschulung, findet man ein breites Spektrum emotionaler Wahrnehmungen. Neben den positiven Gefühlen wie Freude, Begeisterung, Neugier und Aufregung finden sich auf der anderen Seite der Skala Gefühle wie Erschöpfung, Angst und Leistungsdruck.

Oft haben die künftigen Lehrerinnen schon lange vorher den Kontakt zu den Kindergärten gesucht, haben sich Gedanken über die Zusammensetzung der Klassen und über die Ausgestaltung der Räume gemacht. Erfahrungsgemäß spielt die Einschulungsfeier schon lange vor Beginn des Schuljahres eine große Rolle. Es wird überlegt, auf welche Weise die Schulanfänger begrüßt werden sollen. In manchen Schulen werden schon vorher Patenschaften zwischen Grundschülern und den künftigen Schulanfängern angebahnt. Manchmal schreiben Schulkinder den künftigen Schulanfängern einen Begrüßungsbrief und schmücken ihn mit einem Bild. In einigen dieser Bemühungen schwingen sicherlich vorausgeschickte Empathien mit. Es ist so, als ob die Lehrerinnen den Kindern, die sie in den meisten Fällen noch nicht kennen, einen gefühlten Willkommensgruß entgegenwerfen. Dieser Gruß muss dann natürlich am Schulbeginn eingelöst werden. Am ehesten kann dies gelingen, wenn die Lehrerinnen ihren neuen Schülerinnen und Schülern mit einem gespannten Interesse entgegensehen.

Diese Chance wird leider oft dadurch verspielt, dass Lehrkräfte schon lange vor Beginn der Schulzeit wissen wollen, was die einzelnen Kinder können. Dieser Blick auf das Naheliegende kann den Blick für die innere Entwicklung eines Kindes erschweren. Es herrscht dann die Vorstellung, man könne den einzelnen Kindern besonders gut helfen, wenn man möglichst viele Informationen schon vor Beginn der Schulzeit über sie gesammelt habe. Dabei wird es selbst bei größten Anstrengungen nicht gelingen, alle Kinder auf einen Leistungsstand zu bringen, auch wenn dieser Irrglaube bei vielen Lehrkräften – vor allem aber in vielen bildungspolitischen

Konzepten – Hochkonjunktur hat. Wichtig ist eine pädagogische Haltung, die von der großen Unterschiedlichkeit der Kinder ausgeht und darauf gespannt ist, was jedes Kind von sich aus mitbringt und von sich preisgeben möchte. Wenn dieser Blick, der an den bisherigen Selbstwirksamkeitserfahrungen eines Kindes orientiert ist, gelingt, dann unterstützt und würdigt er genau diese Fähigkeit zum eigenständigen Tun. Um das zu können, braucht es emotionale Kompetenz, Lebenserfahrung und Geduld. Nur so können bereits entwickelte Empathie- und Motivationsmuster der Kinder in die Schule hinübergerettet werden.

Auf gute äußere Bedingungen kommt es natürlich auch an. Gut strukturierte Lernräume sind ein äußeres Zeichen für ein Verständnis für die große Unterschiedlichkeit der künftigen Schulanfänger. In einem differenzierten Lernangebot, das an den Lernvoraussetzungen der Kinder anknüpft und ihre Interessen berücksichtigt, zeigt sich die Wertschätzung der Schülerinnen und Schüler. Grundschulen gehören seit der Mitte der 1970er-Jahre zu den Vorreitern einer entwicklungspsychologisch gut basierten Pädagogik. Leider muss man befürchten, dass der starke Druck, der seit einigen Jahren auf Schüler und Lehrer ausgeübt wird, an die Kitas weitergegeben wird.

Kindertagesstätten und Schulen haben einen je eigenen Bildungsauftrag. Das Selbstverständnis vieler Erzieherinnen ist aus der Tradition der Kindergärten eher verbunden mit der individuellen Entwicklung eines Kindes. Erzieherinnen sind notwendigerweise näher beim Kind als bei bestimmten Inhalten, die es zu vermitteln gilt. Sie blicken stärker auf die Selbstentwicklungsprogramme der Kinder. Inzwischen wird dieser Ansatz von den modernen Wissenschaften durchgängig bestätigt. Erzieherinnen könnten daraus eine Bestärkung ihres Selbstbildes und ihrer Arbeit ableiten. Wir verfügen, durch viele wissenschaftliche Untersuchungen gestützt, über ein großes Wissen darüber, wie Lernfreude und Lernwille entstehen. Dennoch ist zu beobachten, dass in vielen Kindergärten Lernprogramme eingesetzt werden, die eher die Quellen des Lernens verstopfen, als dass sie diese freilegen.

Damit ist angedeutet, dass die Reformarbeit der Schule angesichts der neuen wissenschaftlichen Ergebnisse noch ganz am Anfang steht. Diese haben – aus welchen Gründen auch immer – noch keinen Einzug in die Schulen gehalten. Hier dominiert die Vorstellung, man müsse sich nur an die Erlasse und Vorgaben der Ministerien und Schulverwaltungen halten und im Übrigen die Schüler permanent hinsichtlich ihrer Leistungsfähigkeit testen. Diese Haltung ist weit verbreitet. In ihr zeigt sich der Vertrauensverlust in die grundsätzliche Lernbereitschaft und Lernfähigkeit von Kindern. Vorsichtig soll angedeutet werden, dass den Verfechtern dieser Pädagogik das Verständnis für die inneren Abläufe und die Strukturierung des kindlichen Gehirns fehlt. Dem schulischen Lernen steht noch die revolutionäre Erkenntnis bevor, die in der Hirnforschung seit über zwanzig Jahren ihren Siegeszug durch die Welt antritt (LeDoux 1998).

Möglicherweise ist die tiefere Ursache dafür in einer nur gering ausgebildeten Empathiefähigkeit zu suchen. Wichtig und vor allem ganz entscheidend für eine gelingende Entwicklung wäre ein Interesse, das unvoreingenommen, aber erwartungsvoll den Kindern entgegenblickt. Gelänge es den Lehrkräften, eine innere Haltung zu entwickeln, mit der sie gespannt, angstfrei und erwartungsoffen den Kindern gegenübertreten könnten, ihr Lebensgefühl würde sich entscheidend ändern. Die Kinder würden diese empathische Achtsamkeit spüren, und es würde sich daraus ein anderes Verhältnis zwischen Lehrkräften und Schülern entwickeln. Die Schüler würden die im Kindergarten erworbene Sicherheit und Motivation weiterentwickeln können. Lehrerinnen und Lehrer würden aus diesem Verhältnis neue Energien schöpfen. Das Stress-System, das gegenwärtig bei vielen Lehrkräften, Schülerinnen und Schülern permanent eingeschaltet ist, würde beruhigt werden können. Lernerfolge und Lebensfreude würden an die Stelle von Burn-Out treten.

Von den Ergebnissen der modernen Hirnforschung kann viel gelernt werden. Kinder und Jugendliche bleiben nur dann Entdecker, wenn sie sich als Urheber ihrer Lernprozesse erleben. Damit sich ihr Gehirn differenziert ausbilden kann, brauchen sie eine wohlwollende Resonanz. So entsteht Vertrauen. Und im Gehirn wachsen Resonanz- und Vertrauensneuronen. Sie beflügeln ihr Motivationssystem. Erfolgreiche Schülerinnen und Schüler sagen, etwas gut zu können sei wunderbar, einzigartig, geheimnisvoll, weltbewegend. Das Motivationssystem dieser Schülerinnen und Schüler konnte sich voll entfalten. Zentrale Gründe für die teilweise massiven Mängel und Störungen im Bereich schulischen Lehrens und Lernens liegen weder in fehlenden Bildungsstandards noch in einem Zuwenig an Kontrolle. Es kommt auf gelingende Beziehungsprozesse beim Lernen an. Schule scheitert vielerorts vor allem daran, dass im Unterricht keine Situation hergestellt werden kann, in der Lehren und Lernen möglich werden. Beziehungskompetenz und Umgang mit schwierigen Partnern sind die zentralen Herausforderungen, denen schulische Lehrkräfte gegenüberstehen, allerdings ohne dafür ausreichend ausgebildet zu sein (Bauer 2004).

Wie schön wäre es, wenn Lehrkräfte ihren Schulanfängern mit offenen Armen und der Erwartung entgegentreten könnten:

»*Wir sind gespannt auf euch, darauf, was ihr so mitbringt an Ideen und Lebensfreude. Wir sind gespannt, worauf sich in den nächsten Wochen euer Interesse richten wird. Wir sind gespannt darauf, wie wir gemeinsam unseren Arbeitsalltag gestalten werden. Wir sind offen für Überraschungen. Und wir haben vor, euch mit vielen Ideen und Anregungen zu überraschen.*«

Bei einem solchen Empfang werden sie Vertrauen ausbilden und ihren Lehrerinnen und Lehrern alles mitteilen, was die gerne wissen möchten. Sie würden sogar stolz darauf sein. Und sie würden auch darüber sprechen, was ihnen bisher Schwierigkeiten gemacht hat. Kein Beobachtungsbogen kann diese Genauigkeit erfassen, zu der

Schulanfänger fähig sind, sofern ihnen Vertrauen und Interesse entgegengebracht werden. Es kommt also alles darauf an, ob die Lehrkräfte am Schulanfang die jeweils vorhandenen Fähigkeiten wohlwollend aufnehmen und beantworten können.

Es sollte sich die Erkenntnis durchsetzen, dass bereits in der gegenseitigen Wertschätzung der Erwachsenen der entscheidende Impuls für eine gelingende Entwicklung liegt. Manche Erzieherinnen, Lehrpersonen und Eltern messen dem Einsatz von Förderprogrammen und dem Können ihrer Kinder in Teilbereichen eine viel zu große Bedeutung bei. Wichtig ist das Unsichtbare, das, was im Gehirn in unüberschaubaren Mustern und Systemen aufgrund der Aktivitäten der Kinder angelegt worden ist. Dafür gebührt ihnen Respekt. Das haben sie geleistet, denn kein Mensch kann das für einen anderen übernehmen. Wir können uns gegenseitig anregen, das sollten wir tun, und wir sollten versuchen, das jeweilige Bemühen wertzuschätzen. Dafür braucht es emotionale Achtsamkeit und das Wissen darüber, was sich im Netzwerk des kindlichen Gehirns so alles abspielt.

Schulen mit Vorbildcharakter

Lehrkräfte, die über emotionale Kompetenz verfügen, schaffen daher immer wieder Situationen, in denen die Kinder Selbstwirksamkeitserfahrungen machen können. Am ehesten gelingt das in Projekten der unterschiedlichsten Art.

Erfolgreiche Reformschulen wie die Helene-Lange-Schule in Wiesbaden, die beim PISA-Test die besten Ergebnisse erzielte, stellen das Theaterspiel in die Mitte ihrer pädagogischen Konzeption (Riegel 2005).

Christoph Huber (2004), Theaterpädagoge am Deutschen Theater in Göttingen, schwärmt: »Hier wird psychosoziale Kompetenz gelernt.« Er zählt gleich mehrere Projekte auf, die er zusammen mit jungen und älteren Menschen realisiert hat, und erläutert. Da geht es um:

»*Abbau von Vorurteilen,*
gegenseitige Rücksichtnahme,
Zunahme von Kooperationsbereitschaft,
Verlegung der Toleranzgrenze,
Förderung der Bereitschaft, Verantwortung für sich und andere zu übernehmen,
Stärkung des Selbstbewusstseins durch Präsentation vor einer größeren Öffentlichkeit,
Feedback des Geschafften durch Applaus – Anerkennung.«

Und: Denken, sprechen, planen, handeln,
verwerfen, Krisen meistern –
das findet natürlich auch statt.

Zukunftsforscher betonen, genau auf diese Fähigkeiten komme es an (Göll 2001).

Das Spiel steht am Beginn einer jeden Entwicklung, hat Bedeutung in der Gegenwart und schafft Fähigkeiten für das Leben in der Zukunft. Und wenn wir die hier aufgeführten und wissenschaftlich fundierten Ergebnisse nun in einen Bezug zur Erziehungspraxis setzen, dann wäre es interessant, was sich daraus entwickeln würde. Die schulischen Inhalte müssten nicht über Bord geworfen werden. Überprüft werden müsste, ob sie in diesem quantitativem Umfang erhalten bleiben sollten. Vor allem aber wäre es interessant, wie sich die Lernmotivation der Schülerinnen und Schüler und ihr Lernverhalten überhaupt verändern würden, wenn ihnen die Chance zu immer neuen Selbstwirksamkeitserfahrungen ermöglicht würde. Spannend wäre auch, wie sich das Lehrer-Schüler-Verhältnis verändern würde. Eine empathische Pädagogik könnte Einfluss nehmen auf eine empathische Zivilisation, wie sie von Jeremy Rifkin (2010) formuliert wird.

8. Ausblick

Kinder müssen fast alles, worauf es in ihrem späteren Leben ankommt, durch eigene Erfahrungen lernen. In der Regel entwickelt ein Kind in den ersten Tagen und Wochen durch die körperliche und emotionale Zuwendung von Mutter und Vater eine sichere Bindung. Ist das Grundbedürfnis nach Geborgenheit gestillt, so werden Kinder nun auf vielfältige Weise versuchen, ihre Welt zu entdecken. Spielen und Lernen sind in der Kindheit eng aufeinander bezogen. Das Spiel erlaubt dem Kind, neue Fertigkeiten zu erproben, Lösungen und Strategien für immer komplexere Probleme zu erfinden und schließlich auch emotionale Konflikte zu bewältigen. Die Freude, die es dabei erlebt, stärkt seine Konzentrationsfähigkeit und sein Selbstwertgefühl. Eine entscheidende Voraussetzung für eine gelingende Entwicklung ist eine anregende, freundliche und wertschätzende Atmosphäre in der Familie, im Kindergarten und in der Schule.

Kindliche Neugier und die damit verbundenen Glückserlebnisse führen im Gehirn zur Aktivierung des Motivationssystems. Wird der kindlichen Entdeckerfreude eine hohe Bedeutung beigemessen, dann werden die beim Lernen und Experimentieren erfahrene Freude und Begeisterung im Gehirn verankert. Hier werden die grundlegenden Bahnungsprozesse angelegt, die mit darüber entscheiden, ob sich Kinder gerne neuen Aufgaben zuwenden und konzentriert lernen können. Für ihre Entwicklung brauchen sie Spiel- und Lernräume, die ihnen Entdeckungen ermöglichen. Sie brauchen aber vor allem Menschen, die ihnen durch ihr empathisches Verhalten die Voraussetzungen dafür schaffen, dass sich die Systeme, die für eine gebildete Persönlichkeit von Bedeutung sind, angemessen ausbilden können.

In der Schule sind es vor allem Lernformen, die den Schülerinnen und Schülern eine aktive Auseinandersetzung mit dem jeweiligen Lerngegenstand ermöglichen. Sie müssen sich immer wieder durch vielfältige Lernanregungen herausgefordert fühlen. Freude am Lernen stellt sich dann ein, wenn Schüler selbstständig Lösungen finden. Zu hohe Anforderungen lösen das Stress-System aus. Druck blockiert die Lernprozesse.

Durch empathisches Verhalten, das wir im Alltag mit unseren Kindern zeigen, eröffnen wir ihnen die Chance zur Ausbildung empathischer Muster. Kindheitsmuster voller Empathie enthalten Entwicklungschancen für die Zukunft.

Literatur

Aitmatow, T. (2007): Der erste Lehrer. München: Kunstmann.

Andresen, S./Brumlik, M./Koch, C. (Hrsg.) (2010): Das Elternbuch. Wie unsere Kinder geborgen aufwachsen und stark werden. 0 bis 18 Jahre. Weinheim: Beltz.

Barth, F. (2010): Eltern verlangen mehr Kinderbetreuung. Süddeutsche Zeitung, 28.06.2010.

Bauer, J. (2004): Burnout. www.psychotherapie-prof-bauer.de/ (Abruf 20.09.2010).

Bauer, J. (2005): Warum ich fühle, was du fühlst. Intuitive Kommunikation und das Geheimnis der Spiegelneuronen. Hamburg: Hoffmann und Campe.

Beck, H. (2003): Neurodidaktik oder: Wie lernen wir? www.schule-bw.de/unterricht/paedagogik/didaktik/neurodidaktik/neurodidaktik_beck.pdf (Abruf 20.08.2010).

Brisch, K.H. (1999): Bindungsstörungen. Von der Bindungstheorie zur Therapie. Stuttgart: Klett-Cotta.

Cierpka, M. (2001): Zur Entstehung und Verhinderung von Gewalt in Familien. In: Gebauer, K./Hüther. G.: Kinder brauchen Wurzeln. Düsseldorf: Walter, S. 124–143.

Ciompi, L. (1997): Die emotionalen Grundlagen des Denkens. Göttingen: Vandenhoeck & Ruprecht.

Deutsche Liga für das Kind, Mitteilung vom 30.04.2010, Charlottenstraße 65, 10117 Berlin

Dieken, C. van (2004) (Hrsg.): Lernwerkstätten und Forscherräume in Kita und Kindergarten. Freiburg im Breisgau: Herder.

Dornes, M. (2000): Die emotionale Welt des Kindes. Frankfurt am Main: Fischer Taschenbuchverlag.

Dörr, M./Göppel, R. (Hrsg.) (2003): Bildung der Gefühle. Innovation? Illusion? Intrusion? Gießen: Psychosozial.

Gebauer, K. (1996): Ich hab sie ja nur leicht gewürgt. Mit Schulkindern über Gewalt reden. Stuttgart: Klett-Cotta.

Gebauer, K. (2000): Wenn Kinder auffällig werden. Perspektiven für ratlose Eltern. Düsseldorf: Walter.

Gebauer, K. (2003): Die Bedeutung des Emotionalen in Bildungsprozessen. In: Dörr, M./Göppel, R. (Hrsg.): Bildung der Gefühle. Innovation? Illusion? Intrusion? Gießen: Psychosozial, S. 213–240.

Gebauer, K. (2007a): Klug wird niemand von allein. Kinder fördern durch Liebe. Düsseldorf: Patmos.

Gebauer, K. (2007b): Klug wird niemand von allein. Zur Dynamik von Urheberschaft und Resonanz. In: Erziehungskunst, Zeitschrift zur Pädagogik Rudolf Steiners, Heft 9, September 2007, S. 947–954.

Gebauer, K. (2009): Was Kinder wirklich brauchen. Bedingungen für eine gelingende Entwicklung. In: Klein-Landeck, M./Fischer, R. (Hrsg): Kinder in Not. Chancen und Hilfen der Montessori-Pädagogik. Münster: LIT.

Gebauer K./Hüther, G. (Hrsg.) (2001): Kinder brauchen Wurzeln. Neue Perspektiven für eine gelingende Entwicklung. Düsseldorf: Walter.

Gebauer, K./Hüther, G.. (Hrsg.) (2002): Kinder suchen Orientierung. Anregungen für eine sinn-stiftende Erziehung. Düsseldorf: Walter.

Gebauer, K./Hüther, G.. (Hrsg.) (2003): Kinder brauchen Spielräume. Perspektiven für eine kreative Erziehung. Düsseldorf: Walter.

Gebauer, K./Hüther, G.. (Hrsg.) (2004): Kinder brauchen Vertrauen. Erfolgreiches Lernen durch starke Beziehungen. Düsseldorf: Walter.

Göll, E. (2001): Zukünfte – Möglichkeiten und Anforderungen aus der Zukunft. In: GEW (Hrsg.): Beiträge zu Theorie und Praxis von Bildung in Kindertagesstätten. Reifenberger Str. 21, 60489 Frankfurt am Main.

Grossmann, E./Grossmann, K. (2001): Das eingeschränkte Leben. Folgen mangelnder und traumatischer Bindungserfahrungen. In: Gebauer, K./Hüther, G. (Hrsg.): Kinder brauchen Wurzeln. Neue Perspektiven für eine gelingende Entwicklung. Düsseldorf: Walter.

Hahn, W./Klemm, D. (2007): Entzaubert. Berlin: Kunstverlag.

Haug-Schnabel, G. (2003): Erziehen – durch zugewandte und kompetente Begleitung zum selbsttätigen Erkennen und Handeln anleiten. In: Gebauer, K./Hüther, G. (Hrsg.): S 40–54

Huber, Ch. (2004): Stärkung psychosozialer Kompetenz im Rahmen von Theaterprojekten in Schulen. In: Gebauer, K./Hüther, G. (Hrsg.): Kinder brauchen Vertrauen. Erfolgreiches Lernen durch starke Beziehungen. Düsseldorf: Walter. S. 156–170.

Hüther, G. (1999): Stress. In: Spektrum der Wissenschaft, S.6–11.

Hüther, G. (2001a): Bedienungsanleitung für ein menschliches Gehirn. Vandenhoeck & Ruprecht, Göttingen.

Hüther, G. (2001b): Die Bedeutung emotionaler Sicherheit für die Entwicklung des kindlichen Gehirns. In: Gebauer K./Hüther, G. (Hrsg.): Kinder brauchen Wurzeln. Neue Perspektiven für eine gelingende Entwicklung. Düsseldorf: Walter.

Hüther, G. (2010): Neurobiologische Argumente für die Verwandlung von Kitas in Werkstätten des Entdeckens und Gestaltens. www.win-future.de (Abruf 14.10.2010).

Initiative der Deutschen Liga für das Kind. In: Frühe Kindheit, Zeitschrift der deutschen Liga für das Kind 04/09, S. 37. Charlottenstraße 65, 10117 Berlin. www.liga-kind.de (Abruf 20.09.2010).

Kahl, R. (2005): Treibhäuser der Zukunft. Wie in Deutschland Schulen gelingen. www.archiv-der-zukunft.de (Abruf 20.08.2010).

Landesarbeitsgemeinschaft der Freien Wohlfahrtspflege in Niedersachsen, Osterstraße 27, 30159 Hannover: Kinder sind mehr wert. Für unsere Zukunft. Richtig. Wichtig. Bessere Rahmenbedingungen für Indertageseinrichtungen in Niedersachsen. www.kinder-sind-mehr-wert.de (Abruf 20.09.2010).

Largo, R.H. (2001): Babyjahre. Die frühkindliche Entwicklung aus biologischer Sicht. München: Piper.

Largo, R.H. (2009): Kinderjahre. Die Individualität des Kindes als erzieherische Herausforderung. München: Piper.

LeDoux, J. (1998): Das Netz der Gefühle. Wie Emotionen entstehen. München: Hanser.

Lindgren, A. (2002): Steine auf dem Küchenbord. Gedanken, Erinnerungen, Einfälle. Hamburg: Oetinger.

Papoušek, M. (2003): Spiel und Kreativität in der frühen Kindheit. In: Gebauer, K./Hüther, G. (Hrsg.): Kinder brauchen Spielräume. Perspektiven für eine kreative Erziehung. Düsseldorf: Walter, S. 23–39.

Riegel, E. (2005): Schule kann gelingen! Wie unsere Schüler wirklich fürs Leben lernen. Frankfurt am Main: Fischer.

Rifkin, J. (2010): Die empathische Zivilisation. Wege zu einem globalen Bewusstsein. Frankfurt am Main: Campus.

Roth, G. (2010): Entwicklung der Persönlichkeit im Kleinkindalter aus der Sicht der Hirnforschung. Vortrag am 05.06. Stuttgart: Kohlhammer.

Schäfer, G.E. (2003): Die Bedeutung emotionaler und kognitiver Dimensionen bei frühkindlichen Bildungsprozessen. In: Dörr, M./Göppel, R. (Hrsg.): Bildung der Gefühle. Innovation? Illusion? Intrusion? Gießen: Psychosozial, S. 77.

Spitzer, M. (2003): Lernen. Gehirnforschung und die Schule des Lebens. Heidelberg: Spektrum.

Stierlin, H. (1994): Ich und die anderen. Psychotherapie in einer sich wandelnden Gesellschaft. Stuttgart: Klett-Cotta.

Streeck-Fischer, A. (2001): Gezeichnet fürs Leben – Auswirkungen von Misshandlungen und Missbrauch in der Entwicklung. In: Gebauer; K./Hüther, G. (Hrsg.): Kinder brauchen Wurzeln. Neue Perspektiven für eine gelingende Entwicklung. Düsseldorf: Walter, S. 79–89.

Dank

Ich möchte mich ganz herzlich bei den Leiterinnen und den Mitarbeiterinnen von drei Göttinger Kindertagesstätten bedanken: Kita St. Martin, Kita Gartenstraße und die Kita Weende Nord. Sie haben mir Einblicke in ihre Arbeit mit den Kindern gewährt und mit mir über relevante Themen und Fragestellungen diskutiert. So konnte ich viele neue Erkenntnisse aus der Wissenschaft mit der konkreten Arbeit vor Ort in eine Beziehung bringen. Ich danke auch den Eltern, dass sie mit der Veröffentlichung der Fotos ihrer Kinder einverstanden sind. Herzlichen Dank auch an Team und Eltern der Kita »Die kleinen Stromer« e.V. Mannheim für die tatkräftige Unterstützung bei der Erstellung der Fotos.

Mein Dank gilt auch dem Fotografen Jürgen Hast, mit dem ich in den letzten Wochen in den Kitas unterwegs war. Von ihm stammen die meisten Bilder in diesem Buch.

Ein besonderer Dank gilt meiner Frau Beatrix. Mit ihren Erzählungen aus der Praxis einer Erzieherin gibt sie mir die Möglichkeit, immer dicht am Geschehen dran zu sein. Außerdem hat sie meine Ausführungen immer kritisch begleitet.

Göttingen, November 2010   Karl Gebauer

Text

Dr. phil. Karl Gebauer ist Verfasser und Herausgeber zahlreicher Bücher zu Erziehungs- und Bildungsfragen. Zuletzt ist von ihm erschienen: *Klug wird niemand von allein* (2007) Patmos Verlag, Düsseldorf. Er war 25 Jahre Rektor der Leinebergschule in Göttingen und hat zusammen mit dem Hirnforscher Prof. Dr. G. Hüther die Göttinger Erziehungs- und Bildungskongresse ins Leben gerufen. Weitere Informationen unter: www.gebauer-karl.de und www.win-future.de

Fotos

Jürgen Hast
Jahrgang 1958; Diplom-Pädagoge und Fotograf, Psychodrama-Assistent, Systemischer Berater; Wohngruppenleiter in der psychotherapeutisch orientierten Jugendhilfe; lebt in Göttingen, verheiratet, zwei erwachsene Kinder.
Beatrix Schminke-Gebauer, Erzieherin und Heilpädagogin, Göttingen.
Jens Balcerek, Mannheim.

Bildnachweis

Jürgen Hast: Titelfoto, 9, 10, 11, 12, 20, 21, 29, 31, 32, 33, 34, 35 oben links und rechts, 39, 40, 41, 49, 53, 55, 56, 63 oben, 66, 72, 73, 74, 77, 78, 79, 80, 81, 82, 83, 84, 85 oben links und rechts, unten rechts, 94, 95, 96, 97, 98, 99, 100, 101 unten, 103, 104, 105, 106, 107, 109, 114, 115, 116, 117, 119, 120, 123, 124, 125, 126, 127, 130, 131
Karl Gebauer: 13, 16, 18, 63 unten links, 75 oben, 85 unten links, 88, 89, 90, 91, 92, 108, 110, 111, 112, 113
Beatrix Schminke Gebauer: 14, 15, 27, 30, 35 unten, 36, 37, 38, 50, 57, 67, 75 unten, 86, 87, 101 oben, 119, 120, 133
Jens Balcerek: 68, 69, 70, 71
Katrin Sauer: 63 unten rechts, 76
Wolfram Hahn: 60
Unbekannt: 51